978 85 27 3001 17

A Linguagem Liberada

Coleção Debates
Dirigida por J. Guinsburg

Equipe de Realização — Revisão: Mary Amazonas Leite de Barros e Plinio Martins Filho; Produção: Plinio Martins Filho e Marina Mayumi Watanabe.

Esta obra foi publicada
em co-edição com a Fundação
de Amparo à Pesquisa do Rio
Grande do Sul – FAPERGS

kathrin holzermayr rosenfield
A LINGUAGEM LIBERADA

ESTÉTICA – LITERATURA – PSICANÁLISE

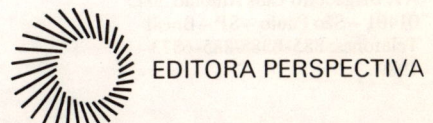
EDITORA PERSPECTIVA

Debates 221

Direitos em língua portuguesa reservados à
EDITORA PERSPECTIVA S.A.
Av. Brigadeiro Luís Antônio 3025
01401 – São Paulo – SP – Brasil
Telefones: 885-8388/885-6873
1989

Para Denis

SUMÁRIO

Nota ao Leitor 13

I. O PROBLEMA DOS GÊNEROS NA PASSAGEM PARA A MODERNIDADE

1. Uma Falha na *Estética* de Hegel: A Propósito de um Silêncio sobre o Romance de Goethe 17

2. O Maléfico e o Obscuro em Goethe e Guimarães Rosa: Ruptura com a Conciliação Épica. 51

3. Rumo a uma Linguagem Inacabada: A Propósito da Ode "Coragem de Poeta" de Hölderlin 69

II. ARTICULAÇÕES

4. A Linguagem Liberada 87

5. A Presença Iluminista e Romântica em Freud .. 101

6. Uma Leitura Estética de Freud 107

7. Modernidade e Pós-Moderno: Uma outra "Marcha das Utopias" em Pound e Musil 121

8. Modernidade, Arte e Reflexão: Uma Nova Determinação do Objeto Estético em Pirandello e Kandinsky 129

NOTA AO LEITOR

Os presentes ensaios constituem uma reflexão sobre a constituição da modernidade enquanto "segunda voz" que acompanha o surgimento do Romantismo. Esta concomitância aparece como um diálogo com as posições propriamente românticas, isto é, a focalização do sujeito enquanto consciência que se atribui o poder, o direito e o dever de dar-se suas próprias leis. Esta visão romântica do sujeito pressupõe a *necessidade* de uma conciliação da vontade subjetiva com as exigências de uma ordem universalmente válida.

Experiências estéticas como o romance de Goethe introduzem, porém, em plena época romântica, temas e elaborações narrativas que projetam sombras de dúvida sobre as condições de possibilidade dessas expectativas universalizantes. O nosso intuito é mostrar nas articulações estéticas uma interrogação implícita que coloca a arte ao nível de um discurso mediador que não pensa de maneira conceitual e sistematizante, mas que cria figuras concretas indispensáveis à progressão do pensamento conceitual.

Os diferentes ensaios aqui apresentados apontarão nas novas articulações artísticas e "científicas" dos séculos XIX e XX, uma interrogação instalada numa nova concepção do estatuto e da natureza da linguagem — interrogação que obriga a repensar conceitos como autoconsciência, conhecimento, vontade e racionalidade.

K.H.R.

I. O PROBLEMA DOS GÊNEROS NA PASSAGEM PARA A MODERNIDADE

1. UMA FALHA NA *ESTÉTICA* DE HEGEL: A PROPÓSITO DE UM SILÊNCIO SOBRE O ROMANCE DE GOETHE

A *Estética*[1] de Hegel apresenta-se como um sistema com dupla articulação: de um lado, propõe um movimento histórico – a progressão e a particularização do Espírito nas três formas artísticas, isto é, a arte simbólica, a arte clássica e a arte romântica. De outro lado, esse vir-a-ser do Espírito no tempo, essa progressão histórica aparentemente linear através de três momentos-épocas, se revela como inscrita nas próprias artes particulares, no trabalho que medeia a concretude do material com a forma e o sentido. A segunda parte da *Estética*

---

1. Todas as referências posteriores remetem à edição em língua alemã: G. F. W. MICHEL, Frankfurt, Suhrkamp, 1970. A *Estética* ocupa os volumes 13, 14 e 15 (13=I, 14=II, 15=III, seguidos pela indicação da página).

obriga-nos, assim, a uma releitura do sistema histórico; este se abre, com efeito, para uma articulação propriamente lógica, que demonstra a movimentação interna de cada momento histórico cuja *aparente* estaticidade nada mais é do que passagem, "crise" significante, momento onde se condensa o sentido de um devir espiritual — abismamento.

Desvendando o movimento intrínseco a *cada* momento do fazer artístico, a *Estética* retoma a articulação própria da *Ciência da Lógica*. Nesse sistema, a lógica não é realidade primeira, nem o estudo do conhecer enquanto instrumento prévio ao seu exercício, mas "mediação do conteúdo em relação consigo mesmo"[2]. Da mesma forma, a *Estética* hegeliana separa-se da estética do efeito e de uma estética psicologizante (como, por exemplo, a doutrina do gosto), na medida em que mostra o surgimento, a progressão de conteúdo no estar-aí da matéria, isto é, a mediação da configuração concreta cuja lógica não é dependente de uma consciência ou intenção, nem de uma idéia ou pensamento externos a ela. A racionalidade da arte surge, assim, menos na transposição-tradução de um pensamento anterior e exterior a ela do que na figuração do processo de elaboração do fazer artístico.

A correlação das três formas artísticas, de um lado, com as respectivas artes particulares, de outro, não pode ser compreendida conseqüentemente como uma classificação. Vincular arte simbólica e arquitetura, arte clássica e escultura, arte romântica e música/pintura/poesia, não equivale a estabelecer uma ligação estática. Esta correlação apenas circunscreve (desenvolve num desdobramento dinâmico) a forma particular do Espírito numa determinada época, a partir de uma figuração sensível particularmente expressiva da relação específica entre forma e conteúdo, matéria e espírito, material e sentido. Trata-se então menos de classificar linearmente do que

---

2. G. W. F. HEGEL, *Science de la logique*, Paris, Aubier Montaigne, 1972, 3 vols., traduction, présentation, notes par P. J. Labarrière et G. Jarczyk. Cf. p. 4, nota 15.

desenvolver dinamicamente as determinações particulares de uma relação.

Essa relação é da ordem da exterioridade na forma simbólica, o que se manifesta de maneira exemplar na arquitetura; ela é equilibrada na arte clássica: a escultura que focaliza o corpo humano é a figuração da mediação de uma suspensão momentânea da polaridade que separa de maneira abstrata matéria e espírito; na arte romântica, enfim, essa relação é da ordem da interioridade: pintura, música e poesia fazem sentir o recuo da concretude material em favor do signo e da significação.

As diferentes artes, no entanto, mostram-se maleáveis, e as suas transformações têm valor de mediações que anunciam as figuras sucessivas do Espírito. A arquitetura monumental, por exemplo, somente aponta em direção à sua essência espiritual — as forças naturais, os espíritos demoníacos etc. encontram-se *fora* da sua materialidade; a arquitetura sacra (templos etc.) acolhe essa essência espiritual num espaço circunscrito materialmente, mantendo no entanto uma relação mecânica que justapõe exterior e interior; a arquitetura profana rebaixa a construção ao nível de um simples utensílio para uma espiritualidade que se reconhece como livre e autônoma (não ligada a essa forma exterior).

A mesma progressão manifesta-se na escultura. A escultura arcaica representa o grau zero da animação da matéria pelo espírito, uma fase incompleta da mediação desses dois pólos opostos. A animação das estátuas egípcias, por exemplo, é completamente abstrata: a figura humana não representa o homem vivo com seus sentimentos e expressões específicos, mas é caracterizada pelas marcas de uma idéia abstrata impressas num corpo que carece de vida, de sentimentos e de expressão anímica, que surgirão no ideal clássico.

Se a pintura representa o homem a um nível mais humano (nos seus afazeres cotidianos), a pintura bizantina (grau zero do movimento espiritual inscrito nessa arte particular) "congela", no entanto, essa representação na repetição estereotipada de um pequeno número de cenas convencionais (gestos, expressões, ações tradicionais). A humanidade consciente de sua espiritualidade surge para Hegel com a pintura holandesa, na medida em que a perfeição técnica da representação nos toca mais do que o objeto representado. Essa preponderância do ato de representar rebaixa o objeto representado ao nível de algo explicitamente contingente – necessário, porém, enquanto apoio material, enquanto "algo" que faz aparecer a autoconsciência do artista seguro de si mesmo.

Nota-se então que cada arte particular reitera a um nível mais elevado o movimento espiritual de sua predecessora. A progressão vai no sentido de uma des-materialização – a concretude imediata do mundo desaparece na aparição de formas artísticas cada vez mais mediadas:

– a materialidade massiva e imediata da arquitetura monumental encontra-se mediada ao nível da

– escultura, na qual a figura animada exprime a co-presença equilibrada do lado material e do lado espiritual (a materialidade é rebaixada ao nível de uma simples determinação);

– na pintura, a materialidade concreta – tridimensional – recua mais ainda: é reduzida à bidimensionalidade da tela;

– a percepção musical reduz a presença das figuras espaciais e as substitui pela presença de relações temporais;

– essa desmaterialização atinge o ponto mais elevado na poesia, onde a sonoridade é considerada como um simples algo (traço, letra) pela presença preponderante da significação que surge no movimento entre esses traços.

A poesia é, dessa maneira, ao mesmo tempo término do movimento de desmaterialização (a materialidade concreta é "supra-sumida" – *aufgehoben* – isto é, simultaneamente suprimida e mantida sob uma outra forma, a forma das "representações") e o ponto de partida de um novo movimento. Dividido por sua vez em três gêneros, o sistema da poesia re-coloca a progressão ternária, partindo desta vez das representações do mundo exterior, em vez de partir do material e dos objetos concretos.

– A poesia épica "diz em geral (*überhaupt*) aquilo que é o objeto transformado em palavra; exige um conteúdo autônomo para dizer que ele é e aquilo que ele é" (III, 325).

– A lírica inverte esse movimento; interiorizando (*ins Innere hereinnehmen*) o mundo exterior dos objetos e das relações, compenetrando-o pela interioridade da consciência particular, a subjetividade abre o seu sentir obscuro à intuição e à representação. Em outras palavras, ela se expressa "conferindo à sua interioridade a palavra e a linguagem", ela se objetiva sem, no entanto, apoiar essa representação em atividades práticas (III, 418,9).

– A poesia dramática, enfim, une e concilia o princípio objetivo da epopéia e o princípio subjetivo da efusão lírica; ela expõe como efetiva e presente uma ação que nasce na interioridade subjetiva do caráter, mas cuja verdade surgirá apenas através do resultado de uma colisão com a natureza substancial dos fins e dos indivíduos.

As artes plásticas, de um lado, e a poesia, de outro, constituem, assim, sistemas duplamente articulados – a poesia reiterando a um nível mais elevado a progressão do Espírito que se inicia no material concreto, perfazendo-se nas representações. Qual é o interesse dessa dupla articulação? Pelo que parece, ela embute a articulação temporal (histórica) numa articulação atemporal (lógica). A poesia não é apenas a arte por excelência da forma romântica (*romantische Kunstform*), ela aparece ao mesmo tempo como o princípio mediador que torna possível a passagem de uma forma a outra. Nesta perspectiva, explicar-se-ia aliás o curioso paradoxo do "classicismo" de Hegel, quer dizer, o privilégio que ele atribui à epopéia, à escultura e à tragédia gregas.

A epopéia, criando as figuras dos deuses, traz de volta para si o princípio espiritual (este abandona a figura da exterioridade do Espírito abstrato oposto à materialidade). Hegel escreve a propósito de Hesíodo e de

Homero: "Hesíodo e Homero deram aos gregos os seus deuses" (II, 112). É a poesia, arte por definição romântica, que medeia a polaridade abstrata da arte simbólica, viabilizando assim o surgimento de uma nova figura – a da conciliação, do equilíbrio, da compenetração, que se objetivará na estátua clássica. A compenetração lírica aparece, assim, efetivada na concretude plástica, no objeto palpável. O momento de dissolução desse equilíbrio da escultura clássica anuncia-se concomitantemente ao terceiro gênero poético – na tragédia, o belo equilíbrio explode num conflito que opõe dois princípios espirituais assumidos por duas subjetividades livres.

A arte romântica não pode ser compreendida, em conseqüência, como uma simples época no desenvolvimento da arte, mas ela é também, e antes de tudo, um momento lógico – o da dissolução das relações fixas, das oposições tensas, das contradições. As formas rudimentares do épico, tais como o epigrama, medeiam já a relação totalmente exterior entre a forma arquitetural e o conteúdo espiritual: a poesia epigramática inscreve no edifício o seu sentido.

A poesia dramática, pelo contrário, dissolve a polaridade dos princípios objetivos e subjetivos. Ela medeia o desdobramento de figuras diferenciadas que encenam – e fazem ver – os dois lados da objetividade substancial e do arbitrário subjetivo, cuja luta culminará num resultado que desvenda a verdade em e para si.

Observa-se então que as diferentes artes agem umas sobre as outras, mediando desta forma a progressão do Espírito através das três formas artísticas. Esta observação levanta a seguinte questão: não ocorreria, no interior do sistema da poesia o mesmo tipo de trabalho mediador decorrente da interação dos três gêneros?

Hegel dá a entender que existe um processo que permeia os três gêneros. Menciona o tratamento "dos elementos épicos no estilo da lírica narrativa" (III, 469), ou, relativo à Idade Média, a perda das características propriamente épicas da epopéia medieval ("as bases objetivas são deslocadas para o lado do fantástico, perdendo dessa forma a sua qualidade palpável e objetiva –

objektive Anschaulichkeit – que caracteriza a epopéia homérica) (III, 408).

Hegel limita-se porém a observações muito conjeturais que se referem unilateralmente ao lado formal, nada dizendo quanto à significação dessas particularidades da forma. Isso é surpreendente, na medida em que Hegel interpretava com muito detalhe a significação da transformação formal da escultura no momento em que passa da sua forma simbólica à forma clássica (Hegel opõe a abstração da escultura egípcia, que remete a uma espiritualidade situada *fora* da sua figura física e humana, à animação efetiva e concreta do corpo humano na escultura grega, onde o princípio espiritual é ao mesmo tempo o princípio *dessa* figura humana na sua particularidade) (cf. II, 452 e ss.).

Perguntar-se-á então se as análises da poesia não constituem um bloqueio do dinamismo que anima a *Estética* em todas as suas articulações anteriores – dinamismo este que é a força especulativa da *Estética*? A que se deve esse bloqueio? O que muda quando se passa da arte clássica à arte romântica?

A primeira modificação capital é, para Hegel, a figura do cristianismo, ou seja, a exteriorização da consciência em relação à realidade estética. O centro da fé não é mais a atividade artística; a fé religiosa deixa de surgir dentro da própria arte, cessa de se desdobrar somente nas representações artísticas. Nessa nova figura do Espírito, a verdade concretiza-se na efetividade da vida do Cristo. O Espírito ganha assim uma realidade efetiva e objetiva "que se aproxima da arte do exterior" (*die an die Kunst von aussem herantritt*). É essa verdade espiritual que se torna, a um nível superior, o novo conteúdo substancial que a arte deve figurar (*gestalten*). A "revelação" se substitui à "intuição artística" (*Künstleriche Anschauung*) (II, 111 e ss.).

Poderíamos perguntar se o advento histórico do cristianismo não teria implicações sobre o estatuto daquilo que Hegel chama de "representação". Num primeiro momento, a poesia (nas suas três formas: épica, lírica, dramática) desenvolve ao nível das "representações" as mesmas figurações que conheceram as três formas da arte plástica (arquitetura, escultura, pintura) no domínio do material concreto. Poderíamos então concluir, segundo a própria lógica hegeliana, que essas "representações" seriam materialidades mediadas. Em outras palavras, não se trataria mais de volumes ou imagens sensíveis do mundo imediato nem de imagens gravadas pela memória, mas de palavras com o seu duplo estatuto de imagem sonora e de significação. Há passagens no texto onde isso fica perfeitamente explícito: "na poesia, a materialidade do som é rebaixada ao nível de signo"; ou, a propósito da poesia épica e lírica, Hegel fala do objeto transformado em palavra (III, 325) assim como da subjetividade à qual a expressão lírica dá a palavra e a linguagem. Peter Szondi reuniu todas as ocorrências onde se exprime a consciência de Hegel relativa ao fato de que a poesia é essencialmente uma realidade de linguagem[3]. Ora, se as articulações especulativas são efetivamente inatacáveis a esse respeito, certas análises e interpretações parecem muito mais ambíguas e até fornecem bons argumentos em favor da idéia de que a poesia seria feita de "representações" no sentido de conteúdos significantes ou de pensamentos prontos, já pensados, como, por exemplo, os conteúdos da doutrina cristã.

No capítulo sobre a epopéia cristã, com efeito, encontra-se uma análise da *Divina Comédia*, que Hegel compara com a epopéia homérica. Ele sublinha que, em Dante, "o agir individual é elevado a um agir eterno, a uma finalidade absoluta" e que o artista mergulha "no mundo vivo do agir humano, neste ser-aí imutável" (III, 406). Hegel conclui distanciando Dante de Homero:

A representação (*Darstellung*) deve obedecer a esta característica do *objeto já acabado, em e para si* ..., quando se trata (na *Divina Comédia*) de doutrinas e de dogmas, apenas a escolástica e a teologia cristã predominam (*führen das wort*) (III, 406).

3. Cf. P. SZONDI, *Poetik und Geschichtsphilosophie*, Frankfurt, Suhrkamp, 1976, 2 vols., cf. I, pp. 478 e ss.

Em outras palavras, não se encontram mais aquelas representações que surgem da própria atividade artística e do gênio criador do artista como, por exemplo, os deuses de Hesíodo e de Homero. Contrariamente à épica da Antiguidade, a ação épica de Dante consistiria então numa ilustração da verdade do dogma cristão, isto é, numa retradução de pensamentos em imagens sensíveis e vívidas. Esses pensamentos têm existência própria, fora da sua representação (*Darstellung*) artística.

No entanto, a análise hegeliana da *Divina Comédia* suscita uma outra observação que responderá talvez à nossa primeira questão: a que se deve o bloqueio da articulação dinâmica da *Estética*? Como já foi mencionado, a análise de Hegel mostra (sem contudo explicitá-la) uma certa abertura do gênero épico. A *Divina Comédia* não apresenta, assim, os ciclos em torno de Carlos Magno (*Chanson de Roland*) ou a proximidade com a forma objetiva da epopéia clássica (homérica). Se os ciclos em torno dos heróis de Carlos Magno desdobram em eventos e descrições o conteúdo autônomo das guerras santas, a epopéia de Dante é por sua vez marcada pelo estigma lírico. A ação decorre de uma *interiorização* de um conteúdo acabado em si mesmo (a doutrina cristã) através do qual o indivíduo acede à articulação/expressão do seu sentimento particular. Essa subjetividade lírica permanece sempre presente ao longo de toda a ação épica – o autor se faz guiar e, dessa forma, guia seu leitor no universo épico, assegurando assim um novo tipo de unidade à obra.

É exatamente nessa perspectiva de hibridização e de abertura do gênero épico que se reconhece rapidamente a particularidade do ciclo cavaleiresco, no qual a epopéia se modifica tanto no sentido da lírica quanto no sentido do gênero dramático – modificação formal que exige um novo nome: o de romance. Com estas observações, no entanto, tentamos ir além de Hegel, na medida em que este se limita a observações que apontam para algo que a epopéia *já não é* nos ciclos cavaleirescos, pois estes desenvolvem "um heroísmo que carece daquela realidade substancial e objetiva – base na qual os heróis gregos lutam unidos ou sós". Esta falha, Hegel a atribui aos "interesses em parte religiosos e fantásticos, em parte puramente subjetivos e imaginários" que perseguem os heróis do romance cavaleiresco (III, 408, 9).

Hegel não analisa então *positivamente* a significação daquele "outro mundo" fantástico que tem um papel tão importante no aparecimento do romance medieval. Essa nova forma épica já anuncia uma concepção muito mais leiga e profana do mundo — fenômeno este que E. Kantorowicz denomina de "sacralização do profano"[4]. Mas Hegel tampouco analisa o lado subjetivista e imaginário, ou seja, aquele momento lírico que a filologia designa com o *terminus technicus* bem conhecido: o amor cortesão. Hegel limita-se a uma curta menção no capítulo sobre "A honra, a fidelidade e o amor" (II, 185): "... o amor (*do Minnesang*) mostra-se cheio de sentimentos, meigo, mas sem a riqueza da *Phantasie* (imaginação) — lúdico, nostálgico, estereotipado".

O que isso significa? Trata-se primeiro de compreender o valor conceitual do termo *Phantasie*. Hegel o define na parte sobre o Belo artístico (I, 364): "... a *Phantasie* não se reduz à simples percepção da efetividade externa e interna, ... mas a *verdade e a racionalidade do efetivo* são as que devem chegar à aparição externa". Esta "verdade e racionalidade" existem *fora* da arte, existem em e para si na doutrina cristã e na teologia. Este é o conteúdo autônomo que assegura à *Divina Comédia* o estatuto de epopéia. Na medida em que o romance escapa a uma simples ilustração do casamento e de outras concepções do mundo cristão, Hegel o considera apenas como defeituoso, estigmatizado por uma falha.

---

4. E. KANTOROWICZ, *The King's Two Bodies. A Study in Medieval Political Theology*, Princeton, 1957, mostra que a progressiva laicização do mundo — aquilo que na tradição de Hegel e Lukács foi chamado de "desdivinização" (*Entgötterung*) do mundo — não é apenas um despojamento, um simples movimento negativo. Esse processo implica, ao mesmo tempo, um movimento inverso, isto é, a sacralização de coisas até então consideradas "profanas" — instituições, assuntos e gestos que dizem respeito ao universo humano propriamente dito, à existência terrena do homem.

Conseqüentemente, não é, contudo, injusto dizer que a arte romântica cai, para Hegel, a um nível mimético — ela nada mais faz do que desenvolver, a partir da era cristã, conteúdos já acabados em si mesmos.

Parece então legítima a pergunta de se não seria precisamente essa concepção da arte cristã (que não cria mais a partir de si mesma os seus próprios conteúdos, mas os recebe do exterior) que bloqueia a dinâmica mediadora, impedindo assim a percepção do *sentido* operante nas transformações formais da epopéia. Neste contexto, poderíamos talvez situar a percepção hegeliana da literatura da sua época — o estranho silêncio relativo à obra romanesca de Goethe (*Wilhelm Meister* e *Afinidades Eletivas*)[5] — obra que tinha sido, no entanto, objeto de uma pletora de discussões e de ensaios teóricos. Hegel, de sua parte, menciona apenas os gêneros puros — épico, lírico e dramático.

Antes de entrarmos no problema que coloca para a *Estética* o romance de Goethe, consideremos mais detidamente a especificidade do romance medieval. É curioso ver que Hegel não diz quase nada a respeito da dimensão transgressora do "amor cortesão" — daquele subjetivismo intenso através do qual o indivíduo se insurge contra as determinações demasiadamente exteriores. Por exemplo, não se refere ao casamento entendido estreitamente como contrato ou como união que estipula a simples possessão física. O interesse do amor cortesão (enquanto figura poética) não está evidentemente na transgressão enquanto tal, mas na relação tensa entre um casamento legítimo (com suas implicações religiosas e jurídicas) e um amor *verdadeiro* (com sua dimensão subjetiva). É importante notar, no entanto, que essa figura do amor transgressor conhece a distinção entre *fin amors* (amor verdadeiro) e *mal amors* (amor falacioso), para compreender que não é qualquer amor fora do ca-

---

5. J. W. GOETHE, *Wilhelm Meisters Lehrjahre, Goethe Werke*, Bd. 7, Hamburg, Wegner, 1965. *Die Wahlverwandtschaften, id.*, 3d. 6, pp. 242-490. (*Afinidades Eletivas*, tradução de Conceição G. Sotto Maias, Rio de Janeiro, Irmãos Pongetti, 1948).

samento que configura o verdadeiro, não sendo tampouco a simples paixão o que se opõe ao vínculo jurídico do casamento.

Em outros termos, o amor verdadeiro realiza-se segundo um entendimento mais amplo: é o livre acordo que põe em jogo simultaneamente a alma e o corpo. Um dos pontos capitais dessa relação é o fato de que ela põe em questão a relação de subordinação hierárquica, de dominação ou de possessão, entre o homem e a mulher. A mulher chama-se *suzeraine*, o seu amante se oferece a ela como "vassalo". Ou seja, a imaginação poética recorre aqui a determinações da realidade política do feudalismo, isto é, à igualdade que une o senhor e seu vassalo numa relação que não é contratual. Essa relação baseia-se no livre acordo entre homens livres e iguais com a finalidade de se sustentarem mutuamente em caso de necessidade. A imagem da mulher – *suzeraine* – sublinha então (sobretudo no contraste com a mulher dominada, maltratada, prisioneira) a condição *sine qua non* de um casamento verdadeiro: o livre acordo entre os esposos. Essa determinação fundamental do casamento será introduzida na filosofia do direito e pensada enquanto princípio do casamento somente séculos mais tarde, inclusive pelo próprio Hegel (Rph, §§ 160 e ss.)[6].

Nota-se então que a arte não apenas "encena" uma realidade espiritual que existiria igualmente em outras formas e que se oferece assim exteriormente à leitura. As figuras literárias não são uma realidade que se deixaria retraduzir imediatamente na linguagem dos conceitos – por exemplo, do dogma teológico ou de alguma doutrina jurídica realmente existente na época da criação artística. Parece, ao contrário, que o jogo poético com as palavras – por exemplo, a "mulher-*suzeraine*" e o "homem-vassalo" – cria apoios, mediações efetivas e reais, sem as quais nem se chegaria a pensar conceitos e conteúdos ainda inéditos.

Assiste-se então no romance cortesão à criação de uma ponte imaginária, de uma mediação importante no

---

6. G. W. HEGEL, *Grundlinien der Philosophie des Rechts, loc. cit.* Bd. 7. Citaremos: (Rph §...).

sentido de uma verdadeira autonomia espiritual, isto é, de uma autonomia que não insiste de maneira formal no lado subjetivo (os direitos do sentimento, por exemplo), mas que reencontra, no particular, determinações fundamentais que o unem a um valor universal.

Avançamos aqui a hipótese de que Hegel talvez seja insensível a esse tipo de análise do amor cortesão pela concepção particular que tem da desigualdade *natural* entre homem e mulher — desigualdade esta que seria mediatizável apenas ao nível de uma instituição efetivamente existente (Rph, §§ 166-169).

Em todo caso, parece-nos impossível estabelecer a polaridade a que Hegel se refere no capítulo sobre o fim da arte romântica (II, 234 e s.) entre a arte submetida às determinações exteriores (nacionalidade, época histórica, concepção do mundo) — isto é, a arte cristã até o século XIX — e a arte emancipada dos "tempos muito recentes" — a época contemporânea à obra filosófica de Hegel — que teria se dado como "novo santo o *HUMANUS*" (II, 237), tendo a realidade laica (as instituições) mediado essa autoconsciência.

Um universo propriamente humano com suas instituições laicas (imaginárias), que se substituem às instituições religiosas, começa a desenhar-se na própria arte a partir do século XII — nos primeiros romances em língua vulgar[7].

Essa mediação da nova forma romanesca, Hegel não a considera — pelo menos não no momento do seu surgimento na Idade Média. Ele a percebe muito mais tardiamente, na poesia "muito recente" (isto é, na poesia do velho Goethe), à qual Hegel atribui a capacidade de mediar a polaridade contraditória dos principais momentos da arte romântica: a imitação da objetividade externa de um lado (*das Nachbilden*), o tornar-se livre

---

7. Este assunto foi tratado em: KATHARINA HOLZERMAYR ROSENFIELD, *A História e o Conceito na Literatura Medieval. Problemas de Estética*, São Paulo, Brasiliense, 1985, assim como nos seguintes artigos: "Le mythe d'Arthur, la royauté et l'idéologie", in: *Annales ESC*, Paris, maio-jun., 1984; "La métamorphose du roi Guillaume", *Mediévales* nº e, Paris, maio 1983; "Die 'Lais' der Marie de France", *Sprachkunst* Jg. XVI/1, Viena (Áustria), 1985.

da subjetividade na sua contingência interna, do outro. A nova figura mediadora que daria uma nova forma artística à liberdade espiritual, Hegel a chama de "humor objetivo" (II, 231 e ss.). Ele a mantém em limites extremamente estreitos: o humor objetivo pode se realizar apenas numa determinada forma lírica — o *Lied* —, forma extrema onde o lírico reencontra suas raízes mais arcaicas: a forma epigramática. Essa nova compenetração propriamente romântica é caracterizada pela "animação e ampliação" (*Erweiterung*) de um objeto externo e contingente através de um profundo sentimento, de um chiste surpreendente, de uma reflexão significativa ou de um movimento espiritual da *Phantasie* (imaginação, cf. acima p. 26) (II, 240).

Em outras palavras, essa nova forma da lírica epigramática não enuncia apenas o sentido do objeto externo, mas dá a ele um sentido que *excede* o objeto na sua contingência: ela é a expressão da *Auffassung* — isto é, da compreensão subjetiva, da apropriação espiritual. O *Lied* aparece assim como uma forma híbrida ou mista que se poderia aproximar do romance, sobretudo quando se pensa no fragmento interminável e estruturalmente aberto do *Wilhelm Meister*. Este romance é o melhor exemplo da poesia da *Auffassung* (da compreensão subjetiva) que Hegel sublinha apenas no *Lied* (II, 240). O que conta nessa obra fragmentária é o curioso quimismo que se faz no contato das coisas do mundo externo com o olhar do narrador. Esse olhar espiritual, essa *Auffassung*, faz surgir algo essencial e constitutivo do objeto, mas que permanece oculto na existência prosaica desse objeto. Ou seja, o que conta nesse tratamento poético é o desdobramento do maior número de determinações dos objetos, das pessoas e das coisas que a vida cotidiana considera apenas numa perspectiva extremamente estreita, reduzindo ao máximo a pluralidade contraditória das determinações inerentes a um mesmo objeto.

Vejamos o exemplo de Philine: metade atriz, metade prostituta, ela é simultaneamente fada e mulher, criança e canalha; ela é brilhante e humilde, prática e cheia de caprichos. Pela sua ambigüidade, é uma personagem rebelde a qualquer representação de tipo épico que tenderia a esmagá-la em um sistema de valores tipológicos. O romance goethiano não diz, na lógica da classificação, *o que* ela é (aquilo que ela representa na vida objetiva), mas *como* ela é. Ele se libera assim da superfície convencional que mergulha num simples julgamento de valor (negativo) todas as determinações múltiplas do seu ser. Mas, ao mesmo tempo, essa abertura espiritual em direção do objeto vai afirmar a liberdade do movimento do Espírito em relação ao sujeito particular. Goethe sofre sob a força coercitiva do desdobramento romanesco que vem adquirindo uma lógica independente das preferências e intenções pessoais do autor. Essa personagem, que Goethe considera pessoalmente como "impura", surge no romance como mistura fascinante de encanto e repulsa que se situam fora do âmbito das suas opiniões morais. O autor suporta mal (como, aliás, a sua personagem Wilhelm) quando a "impura" Philine se encontra com a bela amazona, de maneira que duas personagens diametralmente opostas são dispostas, pela força da *Phantasie* poética, num mesmo nível de representação, colocando assim o autor como personagem (Wilhelm) diante do enigma da igualdade na diferença. É pela lógica da densidade poética que o romance desdobra (sem nenhuma psicologização) a ambivalência dos signos eróticos. Do lado de Philine, um verdadeiro arsenal de marcas fálicas (a cabeleira, os chinelos, os vestidos, o arbitrário dos caprichos — enfim, toda essa pletora de atributos, de objetos materiais e de signos do poder sobre os homens de que ela se apropria) manifesta *positivamente* sua *falta* de pureza: o a-menos surge como um a-mais que fascina e encanta. O romance encena a prostituição e mostra os mecanismos através dos quais ela funciona positivamente[8]. Philine encontra-se assim em

---

8. Antes de Goethe existe, evidentemente, a temática da mulher em posição ambígua. Romances como *As Confissões de Moll Flanders*, de D. DEFOE, exploram a duplicidade da aparência virtuosa de um lado, a ambigüidade da fraqueza de caráter de outro. Goethe, no entanto, não se interessa pela falsa aparência de virtude, mas faz aparecer na descrição po-

pé de igualdade com a bela amazona, cuja virgindade exerce o seu brilho no mesmo registro fálico. Sem o saber propriamente, o leitor faz a experiência de que – num certo nível, fora de uma moralidade estreitamente definida – a pureza e a sua falta podem vir a significar a mesma coisa. Nota-se então que o romance também conhece o mergulho no "humor objetivo" que Hegel quer limitar à forma epigramática do *Lied*. Essa dimensão extremamente subjetiva poderia explicar por que esse tipo de romance não-épico tende a se manter fragmentário, isto é, estruturalmente aberto. Em vez de representar o mundo nos limites do já-pensado e do já-refletido, este nos aparece ampliado (*erweitert*) pela riqueza de determinações que a *Phantasie* subjetiva reconhece como potencialmente suas.

Esse tipo de tratamento romanesco parece, no entanto, indevido aos olhos de Hegel. Sua posição é categórica:

> Um tal mergulho (do sentimento no objeto contingente) deve, no entanto, permanecer parcial e pode manifestar-se apenas como parte de uma totalidade maior (II, 240).

Em outras palavras, as virtualidades da ampliação fantasmática devem permanecer enquadradas num contexto que as relativize. O *Lied* enquanto efusão lírica apresenta-se *ipso facto* como algo relativo que não reivindica de maneira alguma a sua realização concreta. A inserção numa "totalidade maior" explicitaria mais ainda esse estatuto de virtualidade pura conservada em seus limites (*Schranken*) pelo primado das conexões substanciais.

Chegamos aqui a uma inflexão surpreendente da *Estética* – isto é, uma *dimensão quase normativa*. O que Hegel afirmara num dos capítulos anteriores relativamente ao caráter romanesco mantinha-se aparentemente numa perspectiva *descritiva*; agora, essas obser-

sitiva de hábitos, gestos e fisionomias, geralmente considerados como imorais, uma curiosa coerência – uma morfologia do fascínio que se situa aquém de qualquer julgamento moral.

vações transformam-se em regra. Voltemos ao parágrafo em questão:

> A contingência do estar-aí externo transformou-se numa ordem fixa e segura da sociedade burguesa e do Estado, ...essas conexões substanciais da vida opõem duramente seus limites aos ideais e aos direitos infinitos do coração (II, 219).

Para Hegel, o romance continua sendo, no entanto, aquilo que era a épica cristã – isto é, uma poesia que se submete às circunstâncias efetivas da racionalidade, estabelecendo-se no gênero do romance de formação.

> O fim de tais anos de aprendizagem consiste, pois, na acomodação do sujeito que (aprende a) forma(r) seus desejos e opiniões sègundo as circunstâncias efetivamente existentes (*bestehende Verhältnisse*) e a racionalidade destas, e consiste em entrar nas conexões do mundo e adquirir nesse mundo um ponto de vista adequado (II, 220).

Vinte a trinta anos após a publicação dos grandes romances de Goethe, Hegel continua desconhecendo a especificidade da forma romanesca enquanto *forma estruturalmente mista*. Analisando o romance exclusivamente na perspectiva da epopéia, Hegel limita-se a considerar apenas a relação personagem-representação do mundo (isto é, as relações substanciais da vida real, aquela objetividade autônoma que é a base da epopéia), deixando de lado toda a dimensão por ele sublinhada na lírica – o desdobramento de uma dimensão fantasmática virtualmente real. Hegel continua então a ignorar uma dimensão capital do romance e da poesia em geral: a realidade, a efetividade potencial, do fantasma (*Phantasma*=dimensão imaginária) que se torna na sua forma objetivada, densa, escrita, um apoio concreto e material, um possível vir-a-ser das "relações substanciais da vida".

O mérito de ter conhecido o romance como um "gênero" novo e distinto da epopéia é de Friedrich Schlegel. Este elogia efusivamente o potencial criador do romance, seu trabalho de mediação em relação à realidade imediata e a abertura que ele prepara em direção de um porvir que re-coloca diferentemente as determinações da "ordem fixa e segura" do mundo objetivo[9].

Não é impossível que precisamente essa leitura schlegeliana do *Wilhelm Meister* tenha indisposto Hegel, impedindo-o de analisar mais detidamente a obra romanesca de Goethe. É surpreendente, com efeito, que Hegel confunda totalmente, na sua crítica dirigida contra os Schlegel, a *teoria da ironia* e a *teoria do amor*[10]. A primeira, Friedrich Schlegel elabora, em parte, a partir das suas reflexões sobre *Wilhelm Meister* e simultaneamente a esta obra; a segunda, que começa com o romance *Lucinde*, distancia-se explicitamente tanto da teoria da ironia como do romance-modelo *Wilhelm Meister*[11]. Toda a teoria da ironia – que é em muitos pontos próxima do pensamento hegeliano – parece implicada no escândalo que representa para Hegel e seus contemporâneos essa "filosofia" romanceada reivindicada por *Lucinde*[12]. Nunca Hegel foi tão violento no seu despre-

---

9. *Kritische Friedrich Schlegel – Ausgabe* = *KA*, (E. Behler, J. J. Anstett e H. Eichner, ed.), Paderborn–München–Wien, 1958 e ss., vols. 1-10; cf. "Vorlesungen über schöne Literatur und Kunst".

10. A teoria da ironia articula-se em torno da "reflexão" concebida como potencial espiritual que se apóia nas determinações concretas e imediatamente dadas, aspirando dar-lhes uma progressiva unificação. A multiplicidade de formas fragmentadas – patrimônio morto de uma longa história – ganharia assim uma nova vida; na teoria do amor, ao contrário, prevalece uma esperança utópica muito mais passiva: ela parece conjurar uma salvação mística que age inconscientemente sobre o sujeito. Cf. "Über das Studium der griechischen Poesie", in FRIEDRICH SCHLEGEL, *Seine prosaischen Jugendschriften*, 2 vols., J. Minor (ed.), Viena, 1906², vol. 1. "Athenäumsfragmente" 69 e 116, *KA* II, pp. 155 e 182.

11. Com a teoria do amor, Schlegel abandona o desafio da indeterminação fundamental, a posição incômoda do entre-dois, da progressão que reconhece como irremediavelmente perdida sua posição fundamental, avançando, assim, de algo que não é mais fundamento seguro em direção a algo que ainda não se determinou. As articulações do permanente devir – do desejo – deslocam-se para uma determinação última – objeto desejado – como fundamento da nova filosofia. Cf. FRIEDRICH SCHLEGEL, *Literary Notebooks*, Hans Eichner (ed.), Viena, Ullstein, 1980. Cf. 1511: "A convicção mais profunda de Lucinde... é uma absoluta harmonia de sentimento – isto é, um tipo de realismo, como aquele da admiração na concepção primeira do clássico e do antigo, e o do entusiasmo no absolutamente animalesco da Antiguidade e a da sensualidade – e da natureza. – Em outras palavras, três formas de realismo como início da minha filosofia".

12. *Lucinde, KA* V.(cf. nota 9). .

zo por uma obra e por seu autor, acumulando observações mordazes não somente na *Estética* como na *Filosofia do Direito*.

Para Hegel, um romance é a conciliação progressiva do conflito que opõe a vontade ideal do sujeito às determinações objetivas do mundo prosaico. Um romance que se quer filosófico deveria, nesta ótica, apreender, com a maior precisão, as determinações fundamentais, o princípio inatacável e verdadeiro da ordem externa na qual a vontade subjetiva pode reconhecer progressivamente o seu próprio fundamento e verdade. Elaborar uma teoria do amor deveria ter coincidido, para Hegel, com uma tentativa de ilustrar artisticamente o fundamento do casamento — isto é, o livre acordo de dois indivíduos em abrir mão daquilo que eles têm de individual e contingente para se unirem numa só pessoa (Rph § 169). É nesse ato de liberdade que relega todas as outras determinações (o sentimento, as decisões de terceiros, etc.) ao nível de simples momentos supra-sumidos pelo princípio de autodeterminação.

Lucinde não corresponde minimamente a essa concepção hegeliana do amor, cuja verdade decorre do fato de que os amantes reconhecem o princípio do amor no seu próprio ato (o casamento). Assim, Hegel estigmatiza *Lucinde* como o romance "que alçou da frivolidade à santidade" (Rph, § 164 e III, 116). Esta afirmação é colocada no contexto de uma crítica da teoria (errada, segundo Hegel) que baseia o casamento no mero sentimento. Tendo mostrado que o sentimento é por definição mutante, Hegel o considera como não-digno enquanto fundamento de um amor ético (Rph, § 161).

Ora, esse contexto que Hegel escolhe para seu julgamento negativo de *Lucinde* prova apenas que ele não fez o mínimo esforço em ler e compreender o romance, que se insurge precisamente contra a frivolidade. Antes de escrever *Lucinde*, F. Schlegel tinha-se proposto um esboço de uma "reforma da moral"[13]. Esse projeto está

---

13. *Briefe von und an Friedrich und Dorothea Schlegel*, Berlim, A. Körner (ed.), 1926, p. 17.

ainda presente no capítulo central do romance ("Anos de Aprendizagem da Masculinidade"), onde Schlegel estigmatiza como erros dolorosos da juventude todas as formas incompletas do amor juvenil, assim como as frivolidades e mentiras da *coquetterie* e do adultério, que proliferam como o avesso e a conseqüência inevitável da moralidade burguesa e da legitimidade oca do casamento-contrato.

A forma fragmentária do romance e a técnica da autodestruição da escritura por ela mesma significam que o sujeito não se domina mais, mas se fragmenta, sendo essa ruptura também a esperança de que um princípio externo venha limitar e determinar a sua indeterminação subjetiva irredutível.

Não é, pois, com o reproche da frivolidade, nem no contexto do casamento baseado no sentimento que convinha atacar *Lucinde*. Schlegel não coloca o amor verdadeiro na vontade subjetiva e menos ainda na simples paixão. Ele faz do amor um *mistério*, um sacramento que *é concedido* aos amantes pela natureza. Depois de muitas decepções amorosas, o herói, cansado dos sofrimentos, sucumbe ao charme de Lucinde; neste momento, ele não pensa mais em amor ou paixão. Apenas quando recebe a notícia de que Lucinde está grávida, ele se dará conta de que a ama, o que não sabia até aquele momento, e – constatação significativa – de que este amor é um amor legítimo porque marcado por um sinal da *natureza*. Julius exclama feliz: "Assim nós recebemos os direitos civis no estado de natureza (*Bürgerrechte im Stande der Natur*)"[14].

Para uma crítica de *Lucinde*, teria Hegel duas saídas: de um lado, uma crítica filosófica que visa o conteúdo especulativo (o rousseauísmo místico), por outro, uma crítica propriamente artística que analisa a densidade poética da obra na sua totalidade. Esta última poderia levantar como problema da obra de arte certo voluntarismo especulativo ou ideológico que se traduz imperfeitamente no desenvolvimento prático. A idéia da

---

14. *Lucinde, KA* V, p. 73.

igualdade espiritual da mulher, por exemplo, era uma das idéias básicas. Amar *legitimamente* uma mulher significava então desejá-la ao mesmo tempo carnal e espiritualmente. Para realizar essa idéia esteticamente, Schlegel recorre a uma cena atribuída a Bion, que visa a união mais íntima do espírito com a sensualidade. Trata-se de um diálogo entre amantes no qual a troca espiritual é concomitante à união física, de maneira que o clímax da conversa coincide com o orgasmo[15]. No entanto, a reiteração desse tema resulta, em *Lucinde*, contrária à intenção de Schlegel: o diálogo está muito perto de uma banal retórica da sedução, acompanhada por charmosas resistências femininas, sendo a união física posterior a essa conversa galante.

No que diz respeito à frivolidade, Hegel poderia ter atacado com muito mais pertinência os romances de Goethe. Nesses, a profusão de detalhes desdobrando as menores veleidades particulares faz recuar a ordem fixa e objetiva do mundo burguês, cuja presença é limitada a reflexos marginais e quase imperceptíveis. Aquilo que Hegel chama de "relações substanciais da vida" — com os seus fins que impõem limites aos "direitos infinitos do coração" (II, 219) — é nada mais do que um horizonte longínquo que não influi nos acontecimentos do primeiro plano. Constata-se aqui que *Wilhelm Meister*, o romance *par excellence* segundo Novalis, e as *Afinidades Eletivas*, do qual Goethe teria dito a uma dama que criticava a imoralidade: "Lastimo, minha senhora, mas este romance é no entanto a minha melhor obra!", rompem completamente com o conceito hegeliano de romance, desenvolvido no capítulo "O Caráter do Romanesco" (*"Das Romanhafte"*) (II, 219). Nenhuma conciliação pois entre os "alvos subjetivos" e a "prosa do mundo" — esta última aparece apenas em ecos apagados, enquanto os primeiros se desenvolvem com tanta riqueza quanto ambigüidade; a essas veleidades subjetivas nenhuma vicissitude impõe um limite por intermédio do qual elas

---

15. "Athenäumsfragmente", *KA* III, 2, p. 218 e *Literary Notebooks*, 1156.

deveriam chegar à consciência e à autodeterminação. Nem mesmo o herói principal, Wilhelm, encontra durante todos esses anos de aprendizagem a medida da "potência coercitiva do mundo" nem, em conseqüência, a medida do seu desejo subjetivo. Assim, não é supreendente que os anos de aprendizagem terminem no melhor estilo de opereta. O herói, sempre hesitante, dividido no seu sentimento entre duas mulheres, recebe sua esposa graças à decisão de um amigo, que distribui – na melhor tradição cômica – as três mulheres disponíveis aos três homens em busca de amor. Evidentemente, não é do ponto de vista da colisão ou da "conciliação romanesca" que se deve falar desse romance. Toda a ação situa-se totalmente fora de um conflito central dessa natureza – Goethe é perfeitamente consciente desse fato, como o mostra a seguinte observação dirigida a Schiller:

Busca-se um centro – o que é difícil de encontrar, e eu temo que essa busca não seja o modo correto de proceder[16].

Construído sem "idéia" central, o romance põe em cena os deslizes de um desejo em permanente perda do seu objeto. Isso não tanto pela volatização do objeto como pelo surgimento de outros, aparentemente mais desejáveis ainda.

Assim, os anos de aprendizagem não levam ao encontro com um sentido objetivo e concreto, mas aparecem como um imenso desfile de "restos" de todas as coisas, relações e situações que persistem *ao lado* dessa objetividade e se mostram recalcitrantes a qualquer mediação. A colisão romanesca é assim diferente daquela que se dá entre a subjetividade e a objetividade. A oposição, as contradições, enfim, a tensão poética nascem da própria particularidade – particularidade que aparece estranhamente ampliada graças ao recuo na representação das grandes conexões (jurídicas, econômicas, políti-

---

16. *Briefwechsel zwischen Schiller und Goethe*, Leipzig, H. G. Gräf und A. Leitzmann (ed.), 3 vols., 1912 vol. I, nº 269.

cas e éticas) do mundo contemporâneo. Este se faz presente apenas em raros e vagos reflexos: o amigo Werner administra os negócios de Wilhelm, enquanto este último garante sua vida lúdica graças a uma herança burguesa. Tudo o que diz respeito à "prosa do mundo" se mantém discretamente à distância. É ainda Novalis que sentiu esse hiato em relação à poesia romântica quando disse: "é uma história burguesa e doméstica que foi poetizada". Trata-se efetivamente de uma história da vida privada, de indivíduos que se realizam em microcomunidades situadas à margem do movimento que agita o mundo real e objetivo, com suas estruturas sociais e seus valores específicos. E esse hiato nunca é mediado.

Nesse contexto, convém mencionar a idéia da "superação épica" sobre a qual escreve Lukács na sua *Teoria do Romance*[17]. Lukács defende a tese de que o subjetivismo romanesco do *Wilhelm Meister* (típico do romance de teatro) tenderia a "superar-se", ou seja, o individualismo do herói progrediria no sentido de uma objetivação – conciliação do sujeito com seu meio –, o que infletiria a estrutura romanesca em direção da estrutura épica. Ele vê essa "tendência à transcendência" na entrada do herói no "castelo" – mundo "da nobreza como símbolo de um domínio ativo da vida"[18]. No entanto, nada parece mais relativo do que *essa* transcendência e *esse* domínio, que aparecem apenas aos olhos ingênuos do herói-aprendiz, enquanto o leitor vê gestos e hábitos fúteis que põem num mesmo nível *esse* mundo aristocrático e o mundo dos atores nele acolhido. Assim, não é por acaso que Philine aparece nos vestidos da condessa ou que Wilhelm, mascarando-se de conde para assumir o papel deste frente a esta, chega a enganar o próprio conde. Este acreditava ver seu próprio espectro quando surpreende de maneira imprevista a cena, tirando do choque uma perturbação mental persistente. Além da vida lúdica que eles levam com os atores, fala-se

---

17. G. LUKÁCS, *A Teoria do Romance*, Lisboa, Presença, 1962.
18. *Idem*, p. 153.

apenas muito vagamente das atividades transcendentes desses aristocratas, dos assuntos de Estado e de governo. O "domínio ativo" da vida não irrompe no universo romanesco — da mesma forma que as relações vagas e externas que Wilhelm mantém com o mundo burguês não adquirem nenhum papel relevante.

A fragilidade e a ambivalência da suposta superioridade do mundo aristocrático são mais sensíveis ainda nas *Afinidades Eletivas*, onde desaparece a determinação dos indivíduos através de valores socialmente mediados — vácuo este que forma o centro do desfecho trágico.

Não seria, contudo, inútil observar a estreita conexão que existe originariamente entre o *Wilhelm Meister* e as *Afinidades Eletivas*. Interrogar essa conexão (anulada só num segundo momento) pode esclarecer a particularidade da estrutura romanesca no que diz respeito à posição da subjetividade.

Olhemos primeiro a gênese desses dois romances na obra de Goethe. A partir de 1795, Goethe e Schiller empenham-se, com efeito, num projeto de classificação das formas artísticas mediante categorias precisas e bem delimitadas. Goethe começa, nessa época, a compor de maneira sistemática obras típicas — por exemplo uma epopéia: a *Achileide*. Dessa epopéia clássica, quer excluir todo e qualquer elemento "subjetivo e patológico" — adjetivos que aparecem aqui como sinônimos. Ora, esse projeto arcaizante permanece fragmentário, enquanto Goethe leva ao seu término outro desses exercícios de estilo — o idílio burguês *Herrmann und Dorothea*, que se tornará a obra mais popular na época de Goethe e que ganhará os maiores elogios da parte de Hegel. Este aprecia sobretudo a representação da "nova forma do mundo (*Weltzustand*) na sua ordem prosaica". Segundo Hegel,

a epopéia retirou-se (hoje em dia, devido às grandes transformações históricas) dos grandes acontecimentos dos povos (as guerras), focalizando a limitação (*Beschränktheit*) das conexões privadas e domésticas no campo ou nas pequenas cidades (III, 414).

Observamos aqui duas coisas: primeiro, Hegel mantém a poesia narrativa numa estrita dependência mimética. Diferentemente da epopéia clássica, ela deve figurar (*gestalten*) um "estado do mundo" (*Weltzustand*) já dado para a reflexão racional, para a consciência espiritual. As guerras napoleônicas, enquanto "demasiadamente presentes na memória como experiências reais" e imediatas – isto é, não-refletidas –, não podem ainda ser assumidas pela poesia épica moderna! (III, 414). O segundo ponto diz respeito à forma. O caráter idílico dessa nova epopéia seria determinado do exterior pela ordem prosaica do mundo que restringe os indivíduos ao seu espaço privado, às instituições civil-burguesas, nas quais a verdade espiritual da época se faz efetiva e palpável para todos os indivíduos.

Encontramo-nos aqui diante de um testemunho extremamente elucidativo da concepção que tem Hegel quando analisa e interpreta um texto literário. Evidentemente, Goethe não compartilha esse ponto de vista, o que se mostra numa observação, singularmente dura, sobre seus próprios exercícios épicos. Numa carta dirigida a Schiller, Goethe dirá de *Herrmann und Dorothea*:

A poesia que praticamos nos últimos tempos é uma atividade um pouco séria demais. ... qualquer pessoa que goze do público e o engane nadando com a correnteza pode ter certeza do seu sucesso. Com *Herrmann und Dorotea* fiz, por uma vez, a vontade dos alemães no que diz respeito ao tema, e agora eles estão totalmente satisfeitos. Pergunto-me então se não se poderia fazer, no mesmo estilo, uma peça dramática que seria representada em todos os teatros e que todo mundo acharia excelente sem que o autor concordasse[19].

Hegel aparece aqui entre aqueles cujo juízo estético é fácil de enganar, enquanto Goethe se encontra no campo de Schiller quando este propõe uma poesia que opõe ao mundo racional o seu próprio universo:

Precisa incomodá-los (os leitores), destruir seu bem-estar, inquietá-los e surpreendê-los. A poesia precisa levantar-se na frente deles como

---

19. *Briefwechsel zwischen Schiller und Goethe*, Leipzig, H. G. Gräf und A. Leitzmann (ed.), 3 vols., 1912, vol. 1, nº 367.

um gênio ou como um espectro. Somente assim eles acreditarão na existência da poesia e respeitarão os poetas[20].

Um dos biógrafos de Goethe, Richard Friedenthal, chama esta troca de idéias de "acenos entre áugures"[21]. Estamos, com efeito, entrando numa nova fase da poesia de Goethe, durante a qual vão surgir as imoralidades excêntricas do *Wilhelm Meister* e as sombras do "perdido" das *Afinidades Eletivas*. Este último romance era, na sua forma original, uma pequena novela inserida, no estilo do *Decameron*, no *Wilhelm Meister*. Mas Goethe vai ampliar o volume dessa novela a ponto de transformá-la em romance independente — "monumento em honra do perdido", como ele dirá nas *Cartas a uma Criança* a Bettina von Arnim[22] (*dem Versäumten ein Denkmal setzen*). Goethe nunca se explicou quanto ao conteúdo ou à significação dessa obra, e Walter Benjamin mostra no seu ensaio sobre as *Afinidades Eletivas* que sua estratégia era de despistar uma tal fixação do sentido[23].

Segundo a fórmula do poeta, a saída da Antiguidade canonizada o leva para os "caminhos de brumas" nos quais ele se propõe "errar um certo tempo" e onde tratará de "enigmatizar" (*hineingeheimnissen*) tudo o que é mais obscuramente sentido, tudo aquilo que resiste a uma compreensão imediata ou a uma transformação instantânea em conceitos.

Se a obra *Herrmann und Dorothea* representa o triunfo de uma eticidade conscientemente assumida e realizada em gestos e atitudes efetivas (o casamento), as *Afinidades Eletivas* movem-se num campo de forças que escapam completamente à ética civil-burguesa com a sua racionalidade concretizada numa ordem fixa e determinada. Nas *Afinidades Eletivas*, tal ordem racional — a união livremente concluída entre Eduardo e Carlota —

20. *Ibidem.*
21. *Ibidem.*
22. J. W. GOETHE, "Briefwechsel mit einem Kinde", *Goethes Werke*, Hamburg, Wegner, 1965⁶, p. 236.
23. W. BENJAMIN, "Goethe's Wahlverwandtschaften", in *Gesammelte Schriften*, Bd. 1, 1, Frankfurt, Suhrkamp, 1974.

revelar-se-á como mera aparência, sua cultura esclarecida (as disposições relativas a seu marco de vida, seu universo doméstico) um simples *trompe-l'oeil*. Esse divertimento aristocrático não resiste a uma força mais consistente instalada nos interstícios dessa racionalidade – nas superstições, nas emoções e nas erranças do coração que a razão supunha dominar, mas que não soube, no entanto, absorver. Assim, o jogo que eles acreditavam dominar os domina, o jardim prazeroso transforma-se em verdadeiro labirinto do desejo no exato momento em que surge Otília – criatura recalcitrante à transparência racional. A aparição de um excesso incontrolável de sentido anuncia-se já nas cartas do preceptor, nas quais Otília é descrita como um ser que mantém uma relação ambivalente com as significações domesticadas da cultura. Ela aprende muito lentamente, resiste ao sentido convencional das coisas até penetrá-lo de uma maneira profunda e original (não é impossível ver aqui a figura da lírica moderna tal como a descreve Hegel; cf. II, 240).

É sobretudo nesse aspecto que Otília se distingue da filha de Carlota, cujo charme – brilhante e superficial – evolui no domínio transparente das convenções refinadas de uma sociedade cultivada. Otília, pelo contrário, parece mover-se nas brumas de um campo retirado que não brilha, mas que projeta reflexos estranhos, novos, fascinantes. O campo oculto de Otília, que contrasta com o primeiro plano do teatro esclarecido daquele microcosmo aristocrático de Carlota, projeta reflexos, mas permanece em si mesmo inacessível. Essa resistência a uma plena revelação do sentido, a uma solução última do enigma, bem como à própria articulação falada, manifesta-se num gesto muito particular de Otília quando ela se protege de interrogações demasiadamente indiscretas: silenciosamente, ela levanta as mãos de maneira ao mesmo tempo suplicante e imperativa, como se protegesse algo indizível e precioso – um excesso de sentido.

Otília é uma personagem perfeitamente apreensível, mas é também um paradoxo poético, uma figura sobredeterminada. Nela se encontram e se enlaçam os opostos – a falta de palavras com o excesso de sentido, a falta de feminilidade com o excesso de abandono de si e de dom virginal e fantasmático. Com efeito, Otília se dá a Eduardo de maneira literalmente absoluta: não dá algo que teria sido exigido, algo determinado que poderia formular-se num desejo – seu corpo, seu sexo, por exemplo –, mas antecipa os pensamentos e satisfaz os desejos de Eduardo *antes de eles nascerem*. A exaltação, a inconsciência e a indeterminação, que caracterizam esse amor fusional e absoluto, estão presentes também via constelação das personagens. Otília, a criança órfã (perda das determinações concretas da origem), se oferece ao marido da sua mãe adotiva (perda das determinações do parentesco simbólico) da mesma maneira que tinha suscitado o amor de seu preceptor (perda dos limites entre gerações e categorias sociais). Em outras palavras, Otília aparece como a figura de um amor que desconhece qualquer limitação, que não parece submetido aos limites e às determinações do parentesco, das classes, da idade ou das categorias sociais. Mas ele escapa também das determinações concretas de uma realização sexual. Como muitas outras figuras femininas particularmente envolventes da obra de Goethe, Otília subtrai-se totalmente às determinações da feminilidade: a ambigüidade da androginia de Mignon reaparece aqui sob a forma da indeterminação oscilante da virgindade – da pureza e da renúncia mística.

Nas *Afinidades Eletivas*, Goethe invoca um universo subterrâneo que se subtrai às determinações racionais; isso não significa, porém, que o romance não as reconheça na própria representação do desconhecimento. O desejo que estrutura esse universo tem como alvo o paraíso perdido de uma plenitude contínua e indiferenciada – uma utopia colocada e realizada nos *topoi* poéticos, nas constelações de signos abertas a infinitas significações. A pequena observação de Goethe destinada a Bettina von Arnim mostra que ele não se engana a respeito do problema do estatuto da literatura: seu enigma ocupa a posição mediadora no vir-a-ser do impensável. "Levantar um monumento em honra do perdido" é significar algo *na ausência* desse objeto; isso não implica a redução ou a anulação da perda, nem a recuperação do objeto perdido, mas o desdobramento daqueles elementos – fantasmas, suportes significantes – nos quais a própria *perda* se faz sempre presente: o objeto no seu duplo estatuto de ser e não-ser, de presença *na* ausência.

A tragédia romanesca (ou o romance trágico) recupera então, numa nova forma, a herança clássica. Em vez de imitar as formas clássicas ou os conteúdos do pensamento filosófico moderno, Goethe retoma o velho tema da *hybris*, da desmedida, do querer o Um-todo, da perda (*das Versäumte*) – ampliando no entanto o leque das determinações estéticas. A plenitude nefasta do incesto aparece assim num cenário inédito, numa concretude cênica e visual que apreende o essencial de uma correlação significante sem, contudo, explicitar conceitualmente essa lei. Certamente não é por acaso que Freud é atento leitor de Sófocles e Goethe, de Shakespeare e de Schnitzler – embora isso não signifique (para ele, pelo menos) a necessidade de *aplicar* a psicanálise à arte. Freud sente obscuramente que na literatura os problemas são *colocados* concretamente; a partir disto, trata-se para ele de *pensar* estas determinações concretas *num outro campo* – o das "ciências" humanas. O pensamento, para Freud, é um segundo momento (*après-coup* – retomada) em relação à atividade artística. A dependência estabelecida por Hegel inverte-se e a arte aparece como uma mediação imaginária indispensável ao surgimento do conceito.

Parece impossível, conseqüentemente, determinar esteticamente a posição da subjetividade nesse romance, na medida em que a análise se limite à representação de um dever-ser ético. Os indivíduos que desfilam no universo romanesco – suas fraquezas e idiossincrasias, as relações estranhas e complexas entre si – não são representantes de uma sociabilidade existente nem de um tipo de sociedade por-vir (como Lukács dá a entender). No seu fundo enigmático, esse tipo de romance não-épico desenvolve algo que diz respeito ao fundamento do sujeito "homem", a essa base que tem em comum todos os indivíduos; Goethe, no seu linguajar científico, chamaria isso de *Urphänomen* – fenômeno primordial.

Em relação a esse "fenômeno primordial", nota-se de modo mais claro que os pontos de vista e as maneiras de pensar de Goethe e de Hegel se tocam apenas tangencialmente. Hegel escolhe para suas interpretações as obras mais "puras" – transparentes e racionais – de Goethe. Da mesma forma, tenta recuperar o autor pelo lado onde este transcende seu papel de poeta – isto é, o Goethe homem de Estado e cientista. É nessa perspectiva que Hegel elogia com ênfase a *Doutrina das Cores* – obra aliás muito pouco racionalista e científica na sua luta obsessiva contra Newton[24]. Hegel, no entanto, chega inclusive a estabelecer um paralelismo entre a noção de fenômeno primordial (luz e escuridão) e aquilo que na terminologia hegeliana se chama o "simples e abstrato". Este "Absoluto" esquemático diversifica-se e determina-se no pensamento de Hegel graças aos limites do "mundo resistente" que dissolve os espectros/esquemas (o alemão *Schemen* tem este duplo sentido) e a "base abstrusa" das coisas num "estar-aí aparecente" (*erscheinendes Dasein*)[25].

Hegel encara os problemas de maneira muito diferente daquela que caracteriza Goethe. Para este, o fenômeno primordial não é a coisa abstrata colocada pelo pensar; ele é, ao contrário, algo apreendido, uma revelação que se dá através da apreensão de uma relação capital. Ainda contrariamente a Hegel (que compara o fenômeno primordial ao Absoluto), o *Urphänomen* de Goethe não se dissolve ao abrir-se às suas determinações, mas permanece igual a si mesmo, "homogêneo e indivisível" – na fórmula que Goethe defende obstinadamente em relação à luz. Nesse contexto, é interes-

---

24. . FRIEDENTHAL, *Goethe*, München e Zurich, Piper, 1982, mostra as estranhas sinuosidades dessa diatribe, na qual Goethe permanece surdo aos argumentos dos cientistas contemporâneos (por exemplo, Lichtenberg) quando estes assinalam o contexto particular da experiência científica (premissas e situações bem delineadas).

25. *Idem*, p. 467.

sante comparar a famosa observação de Hegel sobre Napoleão — "O Espírito do mundo montado a cavalo" — com uma curta nota de Goethe. Nela, Napoleão aparece também como algo absoluto, mas este absoluto se joga num registro muito diferente: ele é a manifestação da força demoníaca e irredutível que resiste a qualquer mudança espiritual. Goethe escreve em *Dichtung und Wahrheit*: "... todos os filósofos e todas as religiões esforçaram-se por resolver de maneira prosaica e poética este enigma (do demoníaco) a fim de dispensá-lo finalmente; isso permanece, até hoje, sua tarefa" (vemos aqui que a superstição permanece, para Goethe, um problema que se coloca no presente de maneira igualmente aguda como no passado). É neste sentido que Goethe continua:

> Esse demoníaco manifesta-se da maneira mais terrível quando surge preponderantemente num ser humano... não são necessariamente os homens mais excelentes... mas deles emana uma força imensa e inquietante (*ungeheure*) e eles exercem um poder inacreditável sobre todas as criaturas... Todas as forças éticas *nada podem* contra eles, ... eles não podem ser vencidos a não ser em troca do próprio universo contra o qual engajaram a luta.

Essa visão de uma força demoníaca — irredutível e não mediável pelas potências éticas — parece ser o princípio da ação dramática que leva diretamente, nas *Afinidades Eletivas*, ao desfecho trágico. Para Goethe, as personagens sucumbem sob o golpe de uma força elementar e primordial — força que se torna palpável, para ele, graças à noção de *attractio electiva* utilizada pelo químico sueco Torbern Bergmann, e que Goethe conhece através do dicionário de física de Gehler[26]. Essa força elementar destrói cegamente quando não é contrabalanceada por uma força antagônica do mesmo valor.

Nessa perspectiva, as *Afinidades Eletivas* são o avesso do *Wilhelm Meister*, a face noturna do indeterminado e do indeterminável que surge em muitos lugares desse romance alegre e sorridente. No *Wilhelm Meister*, essa dimensão sombria aparece sempre atenua-

---

26. *Idem*, p. 484.

da, curto-circuitada – mesmo que seja ao custo de uma sabedoria um pouco vazia (foi freqüentemente assinalada a debilidade estética da parte intitulada "A Torre") ou de um golpe de mágica burlesca (a solução dada às hesitações amorosas, das quais Wilhelm não consegue livrar-se até o final dos anos de aprendizagem, cabe perfeitamente no estilo da *opera buffa*).

Nas *Afinidades Eletivas*, ao contrário, o demoníaco manifesta-se precisamente nessa resistência fundamental a toda determinação. Compreende-se assim mais claramente que a pequena novela que deveria ter sido inserida no *Wilhelm Meister* tinha a função de assinalar, de maneira mais nítida e mais aguda, o *sentido* da indeterminação fundamental das personagens estranhamente suspensas entre características "sérias" e "picarescas".

Uma grande parte das personagens, mas sobretudo aquelas extremamente poéticas como Mignon e Philine, são encarnações da ambivalência. Mignon, como já indica o nome, oscila entre criança e adulto, homem e mulher. Nas versões originais, Goethe troca livremente os pronomes "ele" e "ela". Na convenção da época, Mignon significa "favorito homossexual", *maîtresse*, "criança mimada" ou, simplesmente, "algo supremamente encantador".

Entretanto, no *Meister*, esse lado nefasto do fundamento noturno e sombrio do ser humano é, de um lado, aliviado pela apresentação poética e densa do ser-assim das coisas (o melhor exemplo é o charme irresistível de Philine), por outro, as "soluções" cômicas camuflam e curto-circuitam o fundo inquietante que sustenta o sujeito – mesmo que esse fundo esteja sempre pronto para engoli-lo também.

Embora o homem Goethe apareça aos olhos de Hegel como o exemplo da sabedoria e da paciência racional, isso não impede que a obra desse homem de Estado rompa, em vários lugares, a superfície das coisas, mergulhando coisas e homens em abismos onde se anuncia muito concretamente a possibilidade real da destruição, do abismar-se da racionalidade dona de si. A única esperança que brilha acima do casal que morre no final das *Afinidades Eletivas* é, mais uma vez, a força elementar das estrelas: é Vênus que surge no céu – figura poética que anuncia a figura "científica" de Freud para quem o primado de Thanatos é curto-circuitado apenas temporariamente pela ação de Eros[27].

Ao princípio da unidade épica – unidade harmoniosa e imediata ou até conflitiva entre a objetividade e a subjetividade – substitui-se agora um novo princípio de elaboração artística (*Gestaltungsprinzip*), colocado fora do domínio reservado ao gênero épico. O romance, firmemente instalado num mundo sem garantias de redenção, permanece irredutível a uma idéia. Ele é, segundo Goethe, uma "produção imponderável para a qual eu mesmo quase não tenho chaves"[28]. Seu princípio – se tiver algum – é o de girar em torno de um paradoxo: aquele do homem que se supunha capaz de autodeterminar-se. É nesse ponto discretamente "tornado enigma" nos hiatos e obscuridades de uma trama só aparentemente linear e transparente que *Wilhelm Meister* e as *Afinidades Eletivas* são obras precursoras dos grandes romances modernos como os de Musil, Doderer, Proust etc.

É a partir desse fundamento paradoxal que o autor deixa de ser *auctoritas* – mestre e garantia última de sua escritura.

A intenção e o verbo separam-se irremediavelmente um do outro. O autor não tem soluções prontas e constitui-se – longe da sua personalidade familiar e imediata – numa "terra estranha"[29] ou, como diria Freud, numa "outra cena"[30].

---

27. FREUD começa a desenvolver essa questão a partir de 1920 no ensaio *Além do Princípio do Prazer*. Abordaremos a questão no Cap. 2.
28. Cf. nota 19.
29. Título de uma peça do escritor austríaco Arthur Schnitzler.
30. A outra cena de Freud (*Urszene*) é a cena originária enquanto fundamento do sujeito; fundamento este, no entanto, que o sujeito precisa construir ele mesmo, elaborando suas fantasias e representações dentro dos limites impostos pela linguagem.

2. O MALÉFICO E O OBSCURO EM GOETHE E GUIMARÃES ROSA: RUPTURA COM A CONCILIAÇÃO ÉPICA

O romance enquanto gênero encontra-se muitas vezes relacionado com a narrativa épica, como se fosse a prolongação moderna daqueles antigos relatos. Esta convenção classificatória foi consagrada pela articulação hegeliana das características romanescas (II, 279)[1] — articulação que conheceu uma grande fortuna crítica pela leitura que fez dela a *Teoria do Romance* de Georg Lukács[2].

Trata-se para nós de mostrar uma falha nessa inscrição do romance na matriz épica e de formular uma hi-

1. G. F. W. HEGEL, *Vorlesungen über die Ästhetik*, E. Moldenhauer e K. M. Michel (ed.), *Werke*, Suhrkamp, 1970, vol. XIV p. 219.
2. GEORG LUKÁCS, *A Teoria do Romance*, Lisboa, Presença, 1962.

pótese que elucide as raízes filosóficas e especulativas dessa falha. Coloca-se aqui a necessidade de recorrer a categorias e formulações psicanalíticas como, por exemplo, a "compulsão à repetição", a "pulsão de morte", a "denegação" (como oposta à negatividade destruidora, isto é, a-simbólica), o "nome do pai"³.

Essa necessidade parece inscrita nas articulações dos próprios textos literários que resistem às categorias lógicas e éticas convencionais. Uma problemática aparentemente formal e tipológica revela assim sua dimensão filosófica e especulativa.

As características do romanesco são, para Hegel, o conflito de um indivíduo consciente apenas dos "direitos do coração" e da sua vontade particular com as exigências de um mundo objetivo. Diversificado em instituições (sociais, jurídicas, políticas) que seguem sua própria lógica, esse mundo prosaico opõe ao querer subjetivo fronteiras que são simultaneamente, para Hegel, limitações e determinações a partir das quais o indivíduo chega ao reconhecimento de si.

As categorias que permitem enquadrar o romanesco na matriz épica — a unidade mediada (isto é, encarando a unidade não como algo primeiro mas como o desdobramento das diferenças num movimento de reflexão que repõe uma unidade outra, a unidade do movimento e da passagem); o conflito como passagem própria do mútuo reconhecimento (a "luta à morte" como o aparecer das determinações do reconhecimento do outro); a conciliação dos termos opostos etc. Essas categorias não

---

3. S. Freud desenvolve esses conceitos que afloram discretamente desde as reflexões sobre *Luto e Melancolia* (1915) (*Trauer und Melancholie*, in *Gesammelte Werke*, Frankfurt, S. Fischer, 1968⁴, vol. X, pp. 428-446 = *GW*) e os ensaios *Além do Princípio de Prazer* (1920, *Jenseits des Lustprinzips, GW*, XIII, pp. 3-69). *A Denegação* (1925, *Die Verneinung, GW*, XVI, pp. 11-15). Os conceitos lacanianos "Nome do Pai" e "Forclusão do Nome do pai" permitem situar o sujeito em relação à alteridade — a do pai enquanto terceiro termo que medeia a saída do sujeito da unidade especular e fusional com a mãe. A formulação "Nome do Pai" leva em consideração o fato de que não se trata necessariamente de um pai real, da pessoa do pai realmente presente, mas de um princípio inscrito no "discurso" da mãe ou de uma pessoa substitutiva que ocupe o lugar do referente primordial do sujeito-por-vir.

são apenas categorias estéticas, poéticas ou artísticas, mas as que sustentam também o movimento especulativo da *Fenomenologia do Espírito*, da *Lógica*, da *Filosofia do Direito* e da *Enciclopédia*. O problema com o qual nos defrontamos então, no que diz respeito ao enquadramento nas formulações hegelianas de romances como *Afinidades Eletivas*[4], *Wilhelm Meister*[5], de Goethe, ou obras mais tardias como *O Homem sem Qualidades*[6], de Musil, ou *Grande Sertão: Veredas* , de J. G. Rosa[7], repercutirá assim necessariamente na articulação fundamental do sistema hegeliano.

Em outras palavras, são as próprias obras literárias que criarão pontos de apoio, mediações para o vir-a-ser de uma reflexão filosófica. O romance moderno parece assim interrogar conceitos como "racionalidade", "ardil da razão", ou o de "paciência do conceito"[8]. Os dois últimos — conceitos especificamente hegelianos — apóiam-se na suposição de que o movimento do Espírito e a evolução da História vão no sentido de uma racionalidade positiva, benéfica, respeitosa da vida e de determinados valores éticos como a liberdade e o reconhecimento do outro. O sistema hegeliano mostra o irracional, o maléfico, o destruidor apenas como momentos cuja negatividade pode ser assimilada, tornando-se assim motor da mediação e da conciliação. Essa função positiva da negatividade coloca a razão sob o estigma da positividade necessária, excluindo a possibilidade de que a razão possa tomar o rumo do demônio, da destruição, do mal.

---

4. GOETHE, *Werke*, Hamburg, Christian Wegner Verlag, 1965[6], vol. VI, *Afinidades Eletivas* (trad. de Conceição G. Sotto Maior), s. 1., Irmãos Pongetti, 1948.

5. *Loc. cit.*, vol. VII.

6. R. MUSIL, *Der Mann ohne Eigenschaften*, Rowohlt, 1978.

7. J. GUIMARÃES ROSA, *Grande Sertão: Veredas*, Rio de Janeiro, José Olympio, 1976[10].

8. "List der Vernunft", cf. G. F. W. HEGEL, *Enzyclopädie* I, *loc. cit.*, vol. 8, p. 362 e *Vorlesungen über die Philosophie der Geschichte* , *loc. cit.*, vol. 12, p. 49. "Geduld der Vernunft" und "Ungeduld des Meinens": cf. *Philosophie des Rechts*, *loc. cit.*, vol. 7, § 62.

Ora, é precisamente essa perspectiva de uma dimensão irredutível à razão vista numa ótica benéfica que se abre discretamente nos romances de Goethe, acentuando-se no século XX com a obra de romancistas como Kafka e Musil. Ela surge igualmente em *Grande Sertão: Veredas* na forma de uma interrogação que "dialoga" com os textos mais variados, recolocando articulações filosóficas e figurações literárias consagradas. Nesses romances anuncia-se a possibilidade inquietante de um mal irredutível, da destruição sistemática como fonte de prazer, de uma irracionalidade resistente a qualquer absorção e de uma razão que renuncia deliberadamente a toda realização concreta, permanecendo no espaço ilimitado das virtualidades, no jogo sem fronteiras com os possíveis.

Já o *Wilhelm Meister* escapa a uma autêntica conciliação própria do romance de formação. Pergunta-se então se esse romance realmente visa essa conciliação na medida em que encena um desejo que, por definição, não alcança seu objeto. Cada objeto erótico é impossível ou proibido e cede lugar a outro, igualmente impossível ou proibido, de maneira que Wilhelm nunca se fixa, nunca determina objetivamente seu desejo (o final feliz é somente uma solução fictícia e desvenda-se como tal pelo seu estilo de comédia e de opereta)[9].

Ora, ao lado desses objetos eróticos em série (atriz, prostituta, mulher casada, virgem) deambula um ser enigmático que aparece como o centro, a chave, o fundamento do desejo de Wilhelm. Mignon é uma criatura que se subtrai a todas as categorias e a todas as determinações: não é nem criança, nem adulto, nem homem, nem mulher, nem ele nem ela — mas oscila entre todas essas posições contraditórias sem jamais se definir. Mignon é *das Kind* — a criança, palavra neutra, em alemão.

Figura de uma indeterminação radical, fascinante, encantadora, Mignon é fruto do incesto nas últimas ver-

---

9. Cf. p. 3, WALTER BENJAMIN, "Goethes Wahlverwandtschaften" in *Gesammelte Schriften* I, 1, Suhrkamp, 1978².

sões que Goethe dá ao romance. É nessa figura que se condensa o maior peso poético, a maior promessa de plenitude, o maior segredo. Se Mignon permanece no *Wilhelm Meister* uma figura dramaticamente limitada, surge metamorfoseada nas *Afinidades Eletivas*, onde adquire um papel dramático central. Otília, parenta de Mignon na ambigüidade, no enigma e no segredo, irrompe no mundo artificial e fictício da liberdade e da autodeterminação como uma promessa irresistível de plenitude que varre as formas da racionalidade civil-burguesa – o casamento livremente contratado de Eduardo e de Carlota. Como Mignon, ela é a figura de uma interioridade que resiste às fronteiras do ensino, às convenções da sociabilidade aristocrática. Tudo nela aponta para a fusão imaginária, para a fantasia da identidade imediata com o outro – um outro concebido fantasmaticamente como o Todo[10] (os nomes Oto/Otília, a idêntica dor de cabeça e as coincidências de datas indicam essa aproximação). Mas sobretudo os dons de Otília a marcam como um ser alheio às determinações sociais: abandona ao amante a efígie dos pais (abre mão da filiação simbólica) e se dará mais tarde totalmente, absolutamente. Ou seja, ela não dá sua virgindade em troca da sua determinação enquanto mulher, mas se abandona enquanto ser hermeticamente fechado sobre si mesmo que escapa às determinações banais. Murada num silêncio que não lhe permite nenhuma articulação verbal – apenas a sombra de um gesto –, recusando todo contato com o mundo e qualquer comida, apaga-se como a luz do dia, como Narciso, fiel apenas a sua paixão. Os contemporâneos de Goethe apontaram imediatamente o inquietante "paganismo"[11] dessas figuras e desse en-

---

10. A propósito dessa união fantasmática com o Todo-prazeroso, cf. o ensaio de Freud, "Formulações de Dois Princípios dos Processos Psíquicos" (1911, "Formulierungen über zwei Prinzipien des psychischen Geschehens", *GW* VII, pp. 230-238) e a recolocação do conceito "princípio de prazer" em *Além do Princípio de Prazer*.

11. Walter Benjamin reúne no ensaio citado (pp. 140 e ss.) alguns exemplos dos ressentimentos contra o paganismo mítico suscitados nos contemporâneos de Goethe pelas *Afinidades Eletivas*. A edição alemã que citamos contém um dossiê das resenhas e da correspondência de contemporâneos de Goethe que tratam desse romance.

redo trágico que obedece a uma racionalidade radicalmente alheia à redenção cristã. Esse outro desejo, inarticulado e indeterminado, essa aspiração obscura e irredutível que não sabe nada de si, adquirem no romance goethiano consistência na destruição e na morte (a guerra suicida de Eduardo, a morte do filho de Carlota, a morte implacável e natural de Otília enfim) – desenlaces malignos que se subtraem totalmente às categorias do épico e do romanesco hegelianos. Essa dimensão fatal aparece como a dimensão enigmática do desejo – o umbigo do desejo, tal como Freud admite um "umbigo" do sonho[12]: dimensão irredutível e inexplicável pela análise mais elaborada, dimensão recalcitrante à elucidação, ao racional. Irrupção do indeterminado e do indeterminável, Goethe representa esse inominável pela metáfora química, a *attractio electiva*, cuja lógica natural e implacável aparece como um "fenômeno primordial" (*Urphänomen*): contínuo, indivisível, irredutível[13].

As articulações poéticas dos romances de Goethe fogem assim a uma racionalidade corriqueira, mas também à racionalidade do penúltimo dos "grandes relatos"[14] – a *Fenomenologia do Espírito* de Hegel. Elas abrem caminho ao pensamento de uma dimensão inquietante e demoníaca da condição humana: a de uma razão que escapa ao princípio da mediação e da alteridade. Freud levará em conta essa dimensão tão estranha e alheia à racionalidade "científica", às aspirações iluministas e desmistificadoras da jovem psicanálise, a partir de 1920 (com o ensaio *Além do Princípio do Prazer*). Os conceitos de "compulsão à repetição" e "pulsão de morte"[15] admitem a possibilidade de um prazer instalado na

---

12. O "umbigo do sonho" (*Nabel des Traums*), cf. "Die Traumdeutung", *GW* II/III, pp. 113 e 538.

13. A noção de *Urphänomen* é sobretudo utilizada por Goethe na *Doutrina das Cores*, em relação à luz e à obscuridade.

14. A formulação "grandes relatos" é de FRANÇOIS LYOTARD, *La condition post-moderne*, Paris, Minuit, 1979 e José Olympio, 1985. Ela remete a um sistema de pensamento que legitima a validade das instituições que regem o laço social (cf. "Introdução", p. 7).

15. Cf. as entradas "compulsão à repetição" e "pulsão de morte" no *Dicionário da Psicanálise*, de J. LAPLANCHE e J.-B. PONTALIS.

destruição e na autodestruição e de uma "lógica" maléfica e alheia à lógica terapêutica. Daí surge a idéia de um Thanatos resistente a toda mediação da racionalidade convencional apoiada no "ardil" de Eros — o desvio da energia originária que tende a um descarregamento imediato, ou seja, à anulação, à destruição e à morte.

Essa nova concepção da condição humana como indeterminada, isto é, não vetorializada nem para o bem nem para o mal, impossibilita a representação da personagem enquanto *caráter* — unificada e determinada por um conjunto de qualidades que configuram uma certa racionalidade. A condição humana encontra-se assim instalada num princípio que não prevê nenhum conteúdo positivo: o homem já não é bom, nem racional, nem a "imagem de Deus". Ele é apenas aquele que se debate com um corte simbólico, com um simples traço negativo que impede a atividade biológica e instintiva em lugares determinados e simbolicamente investidos: a proibição do incesto. Mas esse debate tem três saídas igualmente possíveis: pode resultar num reconhecimento afirmativo da proibição, num reconhecimento negativo (ou seja, a negação que reconhece implicitamente o conteúdo negado), ou ainda num desconhecimento — recusa radical de posicionar-se em relação à regra que representa a proibição do incesto[16].

A condição humana abre-se assim a virtualidades infinitas. A "formação" moderna torna-se conseqüentemente exploração imaginário-virtual dessas possibilidades inesgotáveis, como acontece no romance de Robert Musil, *O Homem sem Qualidades*. Ulrich, que se chama nas versões primitivas "Outro" ou "Diferentemente" (*Anders*), parece debater-se ao longo do primeiro livro com a racionalidade determinada e limitada da sociedade civil-burguesa, com as grandes instituições do Estado: exército, administração, ciências e finanças, que

---

16. A leitura que Jacques Lacan faz da obra de Freud leva em consideração essa abertura ou indeterminação da condição humana inscritas no fundamento "negativo" da proibição do incesto. Evitando as aporias da

aparecem aos seus olhos cada vez mais como fósseis ultrapassados numa época que permite pensar o mundo nas suas virtualidades.

Essa perspectiva de uma alteridade radical em relação ao caráter unificado da personagem épica é uma das articulações fundamentais da interrogação, do diálogo interiorizado de Riobaldo no *Grande Sertão: Veredas*. As personagens principais – Riobaldo, Reinaldo, Hermógenes – são figuras de uma crise do princípio unitário capaz de assegurar a unidade do universo que preside. As interrogações de Riobaldo questionam o princípio paterno que coincidiria com a certeza de valores determinados e fixados de antemão, garantindo assim a todos os respectivos lugares, papéis e nomes, isto é, a ordem simbólica deste universo.

Para Reinaldo – o Menino – essa ordem assim como a racionalidade paterna não suscitam nenhuma questão. O nome do pai confunde-se para ele com o da coragem, da valentia, do Bem. Ele parece encarnar a idéia platônica de que *"logos* seria um filho" que "precisa da assistência do pai" (*Fedro*, 275). O Menino inscreve-se assim espontaneamente, e sem que isso lhe coloque qualquer problema, no eixo da continuidade e da semelhança que permitem remontar do filho ao pai, da progenitura ao genitor, do sentido a sua origem, do *logos* ao *eidos* – ao fundamento da razão. Proclamando-se "filho do homem mais valente deste mundo" (*GSV*, 83), ele acredita explicar a causa de sua própria coragem quando responde, na travessia do rio, à interrogação estupefata de Riobaldo, para quem essas palavras parecem carecer de sentido. O desconhecimento do princípio da coragem e da valentia que caracteriza Riobaldo não é *falta* de valentia, não é negação relativa do seu princípio, mas posição de exterioridade a este que questiona sua validade universal. Essa posição faz de Riobaldo (pelo menos no início do romance, não nas conseqüên-

---

nosografia tradicional, Lacan introduz com os três registros (neurótico-psicótico-perverso) categorias que permitem situar o sujeito falante no lugar específico que ocupa discursivamente em relação à lei (Nome do Pai).

cias da interrogação) parente de uma personagem épico-medieval – ou seja, de Percival[17]. Ambos são "marginais", isto é, desconhecem o princípio paterno que se confunde com o princípio do Bem e da valentia guerreira, porque são criados no universo fusional da mãe. Ambos correm o risco de se perderem nas franjas da civilização, num universo sem alteridade e sem valores: Percival na caça selvagem numa floresta longe da corte e das ocupações guerreiras, Riobaldo na marginalidade do mendigo que pede esmola e que, assim, se desqualifica socialmente. É no transcorrer dessas atividades desqualificantes que ambos se defrontam com a barreira de um rio e com os dizeres de um estranho – dizeres enigmáticos e incompreensíveis de uma personagem fascinante na sua beleza, amabilidade e valentia –, fascínio enigmático de uma incompreensão que vai mediar a travessia do rio e a saída do universo materno[18]. Em ambos os casos, os estranhos identificam-se pela sua origem simbólica, que é ao mesmo tempo apresentada como o princípio das suas qualidades e dos seus valores heróicos.

O Rei Arthur e Joca Ramiro aparecem assim como Nomes de um princípio que garante os valores, as qualidades, a consistência ética do universo e que vetorializa a ação dos heróis[19]. Mais do que isso: no discurso dos cavaleiros épicos – Gauvain e Reinaldo – ele assegura igualmente a conformidade dos nomes com os indivíduos nomeados e das palavras com as coisas designadas. Para Riobaldo, esse sistema de garantias não tem a evidência irrefletida que possui para Reinaldo. Confrontado com o nome de Joca Ramiro (no segundo encontro com Reinaldo), Riobaldo coloca imediatamente

---

17. CHRÉTIEN DE TROYES, *Perceval ou le Roman du Graal*, Gallimard/Folio, 1974.

18. "O São Francisco partiu a minha vida em duas partes" (p. 235).

19. Riobaldo verbalizará este fato (isto é, a adesão imediata de Reinaldo ao princípio jagunço) em termos de reproche irritado: "Decerto ele (Diadorim) vinha com o nome de Joca Ramiro! Joca Ramiro... Esse nem a gente conseguia exato real, era um nome só, aquela graça... andava longe, se era que andava" (*GSV*, p. 140).

uma pergunta – desconcertante para os outros jagunços –, interrogando a legitimidade e a validade do mando do chefe – legitimidade e validade que dizem respeito ao sentido da sua própria adesão a esse mando:

> De seguir assim, sem a dura decisão, feito cachorro magro que espera viajantes em ponto de rancho, o senhor quem sabe vá achar que eu seja homem sem caráter. Eu mesmo pensei.

O sentido da ação, que não é evidente para Riobaldo, poderia depender do princípio ao qual ela responde. Riobaldo coloca-se de certa forma no lugar do Menino, quando pergunta:

> Quando que conversamos, perguntei a ele (Titão Passos) se Joca Ramiro era homem bom (*GSV*, p. 115).

Esta pergunta faz surgir três respostas ou atitudes significantes. Primeiro, o espanto de Titão Passos, espanto este que ocupa o lugar do herói épico, para quem não há distância entre a ação e o sentido ou o princípio da ação onde essa interrogação poderia se instalar. Segundo, o preto de-Rezende inscreve-se na racionalidade medieval na medida em que esta deriva a ação do princípio messiânico, unificando e subordinando assim os atos particulares à universalidade da Causa divina ("Bom? Um messias!...") (*GSV*, p. 115). Reinaldo dá a terceira resposta cujo raciocínio implícito medeia de certa forma a posição irrefletida do herói da Antiguidade com a posição racionalizada do herói medieval. Essa resposta desdobra uma passarela lógica, uma solução dialética que unifica e alinha em campos semânticos os sentidos das palavras – assegurando assim a grande conquista do diálogo platônico: a lógica unitária da definição unívoca que escapa à ambivalência da palavra mítica, à multiplicidade dos sentidos, às armadilhas da linguagem ambígua[20]. A resposta de Reinaldo soa como a simples repetição do argumento que Sócrates avança

---

20. *Mythos* começa a adquirir para Platão a conotação negativa da ambivalência e da mentira.

no *Crátilo* contra seu interlocutor cujo nome é — como por acaso — Hermógenes:

> Você vai conhecer em breve Joca Ramiro, Riobaldo... (...) Vai ver que ele é o homem que existe o mais valente!

(o sentido da palavra é evidenciado principalmente pela imagem — o recurso metafórico que alinha num mesmo eixo a palavra e a imagem é tipicamente platônico).

> Não sabe que quem é mesmo inteirado valente, no coração, esse também não pode deixar de ser bom?! (*GSV*, p. 116).

Sócrates enquadra seu adversário num raciocínio análogo que alinha o bom, o belo, o valente etc. ao lado da verdade e da razão:

> Ora, como entendes tu o seguinte? Não é assim que os homens completamente valentes são também completamente racionais, enquanto os inteiramente malvados/ruins são inteiramente irracionais? (*Crátilo*, 386 b).

Sócrates acua Hermógenes numa sucessão de concessões lógicas que subvertem as posições heraclitianas do seu adversário. Mas no *Grande Sertão: Veredas* essa astúcia da razão, esse ardil dialético apóia-se, no caso de Reinaldo, na certeza imediata do princípio paterno, num respeito religioso e até arcaico à palavra paterna[21]. Não esqueçamos que Reinaldo — figura da donzela guerreira — é o produto imediato do mando paterno, mando este que ele compreende ao pé da letra: a ordem paterna "Meu pai disse que eu careço de ser diferente, muito diferente..." (p. 86), parece ter para o Menino o estatuto da palavra no seu nível mais arcaico, ou seja, da palavra-ato dos sacerdotes primitivos, cuja enunciação age diretamente sobre as coisas[22]. No nosso caso, a palavra paterna transforma o corpo, o caráter, o destino da menina em corpo, caráter e destino de homem.

---

21. Cf. MARCEL DÉTIENNE, *Maîtres de Verité*, Paris, F. Maspero, 1979, pp. 3-9.
22. Sobre o estatuto e a história da palavra mágico-religiosa que se torna imediatamente "uma potência, uma força, uma ação" cf. MARCEL DÉTIENNE, *loc. cit.*, cap. IV: "L'ambiguité de la parole", pp. 51 e ss.

Para Riobaldo não há, no entanto, nenhum apoio deste tipo — nenhuma certeza imediata: "Não pertenço a razão nenhuma" (p. 116). "Não tenho certeza nenhuma". Conseqüentemente, a dialética platônica de Reinaldo chega apenas a interrogá-lo, não a convencê-lo.

> Isto ele falou. Guardei. Pensei. Repensei. Para mim, o indicado dito, não era sempre completa verdade. Minha vida. Não podia ser (p. 116).

A impossibilidade lógica de concordar com essa definição resolve-se apenas em aparência nas proposições seguintes:

> Perguntei ao compadre meu Quelemém. — "Do que o valor dessas palavras tem dentro" — ele me respondeu — "Não pode haver verdade maior..." Compadre meu Quelemém está certo sempre (p. 116).

Compadre Quelemém tem efetivamente sempre razão, mas apenas na posição de interlocutor virtual (interiorizado) que representa uma posição fixa e firme, porém completamente alheia às travessias escorregadias de Riobaldo. Ele é a alteridade de um princípio possível de que o filho sem pai se apropria como lugar do suposto saber, isto é, como *possibilidade da verdade*. Mas essa possibilidade, o próprio sujeito se concede a si mesmo, de maneira que ela carece de conteúdos objetivos e de garantias posteriores. A identificação com a certeza alheia — certeza de compadre Quelemém, certeza de Reinaldo — é apenas parcial: reconhecimento da possibilidade lógica de uma lei, de um princípio, mas recusa dos conteúdos positivos — da fé, da confiança, da obediência religiosa dos jagunços.

A recusa da lógica jagunça introduz Riobaldo no universo do diálogo interiorizado, num universo "dialógico" de interrogação da própria alteridade, do seu próprio ser-outro. Sua resistência contra a atitude confiante e a fé num princípio absoluto alimentam-se da contemplação, de um observar demoradamente a contradição que opõe Hermógenes a Diadorim, Zé Bebelo a Joca Ramiro. De maneira repetitiva, o olhar de Riobaldo parece literalmente mergulhar na beleza, serenidade, coragem e bondade de Reinaldo de um lado e, de outro, na observação cativante da aparência feia, raivosa, odiosa e no entanto valente de Hermógenes.

Desde a descrição do primeiro encontro com os assistentes de Joca Ramiro (pp. 91 e ss.), os estigmas de Hermógenes anunciam para Riobaldo uma maldade radical que destoa do princípio do Bem e da valentia do supremo chefe ("será que a vida socorre à gente certos avisos?", p. 91), provocando assim uma indagação sobre a validade dessa chefia e desse princípio que permanecem, para Reinaldo, acima de qualquer dúvida. Essas atitudes diametralmente opostas introduzem na relação entre Riobaldo e Reinaldo uma tensão latente, uma fissura que anuncia desde cedo o abismo que separará cada vez mais os universos imaginários de ambos[23]. O que Riobaldo vê escandalizado – o sadismo, o ódio, o prazer em destruir de Hermógenes – significa, para Reinaldo, nada mais do que um mal relativo, aquele mal do dogma cristão que é apenas a realização não ainda perfeita do Reino Divino[24]. "O demo vige, mas não reina!", diz Riobaldo num determinado momento – só que isso tampouco corresponde a uma convicção, mas muito mais a uma posição momentânea num diálogo aberto, e cuja abertura questiona precisamente todos os tipos de reino.

---

23. Este hiato mental e este conflito trágico fazem aparecer em filigrana o desencontro dos amigos Hamlet e Horácio, cuja amizade é muitas vezes um diálogo de surdos que liga e separa o universo ainda teológico de Horácio do mundo de Hamlet, atravessado por dúvidas e suspeitas em relação à legitimidade dos princípios que presidem os governos divino e humano. Isto se torna particularmente sensível na famosa resposta de Hamlet a Horácio, quando este se preocupa de maneira muito católica com a natureza – demoníaca ou divina – do fantasma: Horácio (comentando as inquietantes manifestações do fantasma que fala de baixo): "O day and night, but this is wondrous strange!" Hamlet: "And therefore as a stranger give it welcome. There are more things in heaven and earth, Horatio, Than are dreamt of in *your* philosophy". Hamlet trata o fantasma, aliás, de maneira muito profana – como "mole", colocando-se assim fora das categorias da fé cristã, da crença de Horácio (*your* philosophy) (Ato I, cena IV, p. 878). *The Complete Works of W. Shakespeare*, Oxford University Press, 1954.

24. Um bom exemplo das atitudes opostas de Riobaldo e de Reinaldo é a cena que gira em torno de um possível golpe dos homens de Hermógenes. Se Riobaldo pensa em eventuais táticas para prevenir Joca Ra-

Nas pontuações desse diálogo, Riobaldo parece às vezes acomodar-se temporariamente às soluções tomadas por empréstimo de outros discursos, como o de compadre Quelemém ou o seguinte que poderia ser de Reinaldo. Para acalmar suas suspeitas relativas à tensão entre Hermógenes e Joca Ramiro, Riobaldo suspende seus pensamentos com a seguinte interpretação:

> O Hermógenes tinha seus defeitos mas puxava por Joca Ramiro, fiel – punha e terçava! (p. 138).

Entretanto, isso não significa que ele faça essa lógica sua a ponto de identificar-se com ela.

As suspeitas e dúvidas de Riobaldo, Diadorim as escuta como um sacrilégio, idéia impensável e inominável.

> ... Só ojerizado em estilos ele esteve, um raio de momento, foi de ouvir que alguém pudesse duvidar do proceder de Joca Ramiro: Joca Ramiro era um imperador em três alturas? Joca Ramiro sabia o se ser governava; nem o nome dele não podia atôa se babujar. E aqueles outros: o Hermógenes, Ricardão? Sem Joca Ramiro, eles num átimo se desaprumavam, deste mundo desapareciam, – valiam o que pulga pula... (p. 138).

Pensar que o falho, o defeituoso e o mal pudessem tornar-se independentes do Bem, adquirindo uma racionalidade própria, estabelecendo-se como princípios autônomos, aproxima Riobaldo (aos olhos de Reinaldo) desse mal: "Cobra? – ele disse?" (p. 138) e o próprio Riobaldo parece considerar também essa identidade possível na medida em que a distancia com uma denegação: "Nem cobra serepente malina não é. Nasci devagar. Sou é muito cauteloso" (p. 138).

É precisamente a cautela do raciocínio, a investigação rigorosa das múltiplas significações possíveis que palavras e gestos podem adquirir, que fazem com que Riobaldo permaneça a igual distância entre os valentes e retos de um lado (Diadorim e Joca Ramiro) e os valentes e traidores do outro (Hermógenes e Zé Bebelo).

Ele é o único que não acredita simplesmente no princípio, mas investiga as possíveis significações dos

---

miro e evitar assim o golpe, Reinaldo manifesta apenas sua fé e confiança imperturbáveis na onipotência do supremo chefe (*GSV*, p. 138).

gestos, das atitudes, das fisionomias e das palavras. Mas esse projetar-se no outro interpretando-o como um signo leva a reconhecer no outro o seu próprio raciocínio, equivale a igualar-se potencialmente a ele. Essa afinidade virtual com o mal, com a face obscura, traidora e destruidora dos chefes encontra-se articulada explicitamente como diferença em relação à atitude confiante dos outros jagunços:

> eu era muito diverso deles todos (p. 270); nem de me entender eles não eram capazes. Capaz de me entender e de me obedecer, nos casos, só mesmo Zé Bebelo (p. 270).

O jogo é reversível — adivinhando as intenções secretas de Zé Bebelo, Riobaldo se reconhece como igualmente ardiloso, faz hipoteticamente suas as "artimanhas" dele, inscreve-se no registro de uma possível duplicidade que o separa dos outros jagunços, que se submetem ao mando espontaneamente e sem interrogações.

As incursões no hipotético mergulham Riobaldo no reconhecimento do maligno como face virtual de si mesmo:

> Surdo pensei: aqueles hermógenes eram gente em tal como nós, até pouquinho tempo reunidos companheiros, se diz-irmãos; (p. 262)

— reconhecimento este que parece criar uma estranha solidariedade que o deixa incapaz de delatar, de repor as coisas no caminho reto e nas evidências unívocas, deslocando todos os atos e todas as enunciações para o lado da duplicidade, das suposições e das construções que carecem de qualquer comprovação. É nesse espírito de testemunha que não adere às ações e acontecimentos que Riobaldo se engaja na guerra de certa forma gratuita de Zé Bebelo — guerra cujo motor não é a perspectiva de um fim positivo (a vitória da boa causa, do princípio do Bem ou pelo menos dos princípios de Zé Bebelo, isto é, a racionalidade do Estado, ou da sociedade civil-burguesa). O olhar de Riobaldo detecta logo que a guerra de Zé Bebelo é o seu próprio fim: guerra pela guerra, destruição pela destruição:

> Do Hermógenes discursava... Mas para mim, ele estava muito errado: pelos passos e movimentos, porque gostava prático da guerra, do que provava um muito forte prazer; e por isso não tinha boa razão para um resultado final. Assim achei, espiando o alto céu, que é com as nuvens e os urubus repartido (p. 287).

A afinidade com a destruição e o mal, enquanto princípios autônomos e prometedores de um intenso prazer, é desenvolvida ao longo do romance numa série de semelhanças que secretamente ligam Riobaldo com Hermógenes e com Zé Bebelo.

O fogo é um estigma comum a Riobaldo e Zé Bebelo: Zé Bebelo "vivo de fogo e vento, zás de raio"... "me aluminou" (p. 235). Esse signo oscila entre o destrutivo (o prazer de incendiar — p. 109) e o vital, erótico (a fogueira da mulher casada — p. 106) (cf. p. 286).

Inscrito igualmente no apelido Tatarana — lagarta de fogo —, ele se encontra numa encruzilhada de eixos significantes — num ponto de condensação que se encaixa, pela sobredeterminação, com os estigmas de Hermógenes. O arrepiado do bicho cabeludo, o baixo e o rasteiro aproximam-se da aparência anunciadora do mal, aparência esta que é a de Hermógenes na primeira descrição (pp. 91 e ss.). A mesma condensação aparece novamente na planta que acompanha as travessias imaginárias e aquáticas de Riobaldo — o buriti. Árvore dos brejos com uma flor amarelo-avermelhada, cor de fogo, serpenteando veredas mortas e vivas, ela é por excelência um símbolo de potencialidades contrárias. Originando-se na matéria indiferenciada, nos brejos, o buriti indica a finalidade ambígua da vida — o repouso simples da vida inorgânica que é o alvo da pulsão de morte: curto-circuitagem da vida diferenciada que o ardil de Eros ganhou sobre o domínio de Thanatos. Como os buritis, Hermógenes parece sair, de maneira enigmática, da vida indeterminada e não diferenciada:

> Ele era sujeito vindo saindo de brejos, pedras e cachoeiras, homem todo cruzado. De uns assim todo o que escapa vai em retinge do medo ou do ódio... pensei: Se eu puxasse meu revólver, berrasse fogo nele? (p. 200).

Hermógenes aparece assim como a encarnação da face negativa inscrita na ambigüidade do buriti, assim como na ambivalência de Riobaldo. Sua racionalidade – a da destruição violenta ou do prazer sádico – representa a autonomia daquilo que Sócrates chama a parte baixa do "hermógenes" Pã (filho de Hermes):

... sua falsidade está embaixo, no meio do grande número dos homens, coisa arrepiada de desigualdades, onde tem o "Tragos", o bode, como nas origens da tragédia, pois é este o domínio de quase tudo o que é fábula e mentira: lá na vida trágica (*Crátilo*, 408c)[25].

No olhar interrogativo de Riobaldo, essa face obscura e maléfica surge como possibilidade da sua condição ambígua e escorregadia, sem certezas e convicções. Como Hermógenes, o jagunço, e o hermógenes Pã, ele carrega os estigmas do baixo, do arrepiado, do rasteiro e do turvo. Contrariamente a Hermógenes, que parece fixado na maldade, a vertente obscura e demoníaca de Riobaldo é uma entre outras possibilidades. As transformações da sua vida e do seu nome aparecem como as metamorfoses de Pã, do deus que encarna para Platão a ambigüidade nefasta e fundamental da linguagem:

Assim Pã, se for verdade que ele é filho de Hermes, é ou uma linguagem ou irmão de uma linguagem. E que um irmão seja semelhante ao irmão não tem nada de surpreendente! (*Crátilo*, 408 d).

Abandonando-se aos jogos ilimitados da linguagem, à confusão irremediável "daquele gênero de Deus" (isto é, de Pã, cf. *Crátilo*, 408 d), Riobaldo explora a abertura da condição humana, da sua própria condição, situada além da vetorialização benéfica de um princípio do Bem.

---

25. Para Platão uma resposta ambígua é "trágica" (*Menon*, 76 E). O trágico é da ordem do traiçoeiro (*pseudos*) (*Crátilo*, 408C). Cf. também MARCEL DÉTIENNE, loc. cit., "L'ambiguité de la parole", pp. 76 e ss.

3. RUMO A UMA LINGUAGEM INACABADA: A PROPÓSITO DA ODE "CORAGEM DE POETA", DE HÖLDERLIN

Concomitantemente ao surgimento do Romantismo, cotejam-se dois tipos de obras — aparentemente muito diferentes, mas parentes pela "terra estranha" — que nos obrigam a refletir sobre o sentido da linguagem: o romance de Goethe e a lírica de Hölderlin. Ambas nos confrontam com uma abertura do texto literário em direção a um além inapreensível, rumo a um devir nunca totalmente conquistado. Dimensão enigmática e inquietante que se impõe também no *Faust*, porém que se volatiliza totalmente na serena lírica da velhice goethiana (*Der West-Östliche Divan*). A obra lírica de Hölderlin, em compensação, conhece bem essa outra cena onde as categorias que nos são familiares oscilam, caem e desmoronam. O autor não é mais mestre dos seus dizeres, mas apenas um brinquedo no jogo de leis e de exigências próprias da densidade da linguagem poética. Em virtude dessa abertura, Hölderlin situa-se nos antípodas da paz lúcida e serena que reina na lírica goethiana, e na qual um certo recuo irônico assinala sempre a presença de um sujeito criador "seguro de si e da salvação da sua alma" (II, 235 e ss.). A título dessa segurança, *Der West-Östliche Divan* aparecia aos olhos de Hegel como a inovação mais notável da "poesia muito recente" (II, 237-42)[1]. Ele é, segundo Hegel, a mais alta perfeição da arte enquanto testemunho da autonomia espiritual do homem moderno, para que as formas artísticas são apenas instrumentos dos quais ele se serve livremente para expressar seu pensamento.

A opinião de Hegel corresponde a uma visão que se fixa num momento particular do gênero lírico. Na obra da velhice, Goethe encontra um equilíbrio onde a subjetividade não apenas penetra a exterioridade de todas as formas artísticas, mas consegue igualmente o domínio lúcido de si mesma na distância "olímpica" de todas as coisas[2]. Hegel encerra suas análises neste ponto e desconhece totalmente o passo seguinte – aquele momento novo no movimento do Espírito que é a dissolução da autoconsciência que abre mão do domínio de si para exteriorizar-se na *escritura*, navegando entre uma perda e um devir, risco que vem à tona no avesso enigmático dos romances goethianos.

A diferença e a distância entre os respectivos lugares da subjetividade criadora na lírica de Goethe e na de Hölderlin já se manifestam nos seus estilos específicos de compor. Goethe é rápido, preciso, seguro de si, e considera quase tudo o que lhe sai da pena como digno

---

1. A citação entre parênteses refere-se ao segundo volume das *Lições sobre Estética*, edição alemã: G. W. F. HEGEL, *Vorlesungen über die Ästhetik*, Redaktion Eva Moldenhauer und Karl Markus Michel, Frankfurt, Suhrkamp, 1970.

2. O recuo altivo que Goethe mantém, à medida que a idade avança, frente a pessoas e acontecimentos do mundo imediato lhe vale o apelido "O Olímpico" e "Júpiter". Cf. H. HEINE, *Die romantische Schule*, Reclam, 1976, p. 40.

A biografia de RICHARD FRIEDENTHAL, *Goethe, sein Leben und seine Zeit*, München und Zürich, Piper, 1963, mostra com muita sude fazer parte do conjunto final. Poucos rascunhos então, poucas versões, pouca reescritura.

Totalmente contrário é o trabalho de Hölderlin, onde encontramos freqüentemente séries de versões. As transformações ocorridas nessas séries mostram a que ponto as palavras e as fórmulas encontradas trabalham em contrapartida ao próprio "autor", obrigando-o a revisar uma solução, a desfazer aquilo que ele apenas enunciava e a recuar diante da pressão daquilo que deve ser dito em nome da densidade poética na qual se joga a verdade do texto. O autor – se ainda se pode falar nestes termos quando se trata da atividade poética na sua processualidade, da poesia enquanto *função de* um processo que se passa entre as palavras e as letras – muda de estatuto ao passar da primeira à última versão de uma tal série.

Isso se torna particularmente patente na ode "Dichtermuth" ("Coragem de Poeta") – título das duas primeiras versões –, que se chamará "Blödigkeit" ("Imbecilidade" ou "Timidez" na tradução – não muito feliz – de Geneviève Bianquis para o francês) na última.

Na distância que separa não somente os títulos, mas também as respectivas estruturas poéticas, vem à tona o trabalho propriamente hölderliniano, a conquista do seu estilo maduro, que Peter Szondi caracteriza da seguinte maneira:

O estilo tardio de Hölderlin é a combinação paradoxal de extrema determinação e timidez, coragem e modéstia, força e fragilidade que caracterizam a obra tardia de artistas cuja criação não toma o rumo de uma serenidade lúcida, mas que se obstinam, os olhos desviados do mundo, a pular por cima de uma sombra que não é apenas a deles, mas também a do seu tempo[3].

Neste paradoxo anuncia-se um além, uma "terra estranha", um devir nunca totalmente conquistado e que se subtrai a toda posse definitiva. Nessa outra cena, as categorias vacilam, o autor perde a maestria dos seus ditos e se põe como instrumento de algo que o transcen-

tileza a que ponto o aparente equilíbrio é momento de uma passagem muito dinâmica entre dois pólos diametralmente opostos, entre o lado "claro e lúcido" e o lado "sombrio" de Goethe.

3. Cf. PETER SZONDI, "Der andere Pfeil. Zur Entstehung des Hymnischen Spätstils", in *Schriften I*, Suhrkamp, 1978, p. 291.

de. Dissolvendo-se a autoconsciência segura e firme que se exterioriza na escritura, o autor nela se reconhece como *outro*, como pulsação suspensa entre um "após" e um "devir". O risco da perda de si, da segurança "auctorial" e da serena lucidez deixaram suas marcas na obra romanesca de Goethe, na sua abertura, no seu caráter fragmentário e interminável, apesar — ou por causa — dos seus numerosos remanejamentos.

As três versões de "Dichtermut" ("Coragem de Poeta") acompanham uma inflexão capital na atitude do poeta em relação à poesia moderna. Nessas transformações desenha-se uma mutação do estatuto da subjetividade criadora, simultânea a uma mutação teórica e especulativa de Hölderlin. Sua articulação original e precisa da *diferença* entre a antiguidade e a atualidade é explicitada da maneira mais clara na "Carta a Böhlendorff" de 4 de dezembro de 1801[4]. Peter Szondi considera essa carta como sintoma de uma mutação que indica menos uma reviravolta do que uma rearticulação íntima de uma série de reflexões que surgiram pouco a pouco no pensamento do poeta[5].

Três anos antes da carta a Böhlendorff, em dezembro de 1798, encontra-se já uma tentativa de articular *positivamente* a diferença que separa a arte grega da nossa arte. Em vez de reiterar o problema das supostas superioridade e perfeição da arte clássica (perfeição considerada como modelo a imitar), Hölderlin desloca a problemática para a questão da vivacidade, da vida palpitante da poesia:

> A vivacidade /a vida da poesia é agora aquilo que mais ocupa meus pensamentos e meus sentidos[6].

Nessa carta, esboça-se já a marca que é a característica mais íntima de Hölderlin — seu esforço de enlaçar e de mergulhar a herança clássica numa vida nova, de "supra-sumi-la" (*aufheben*), isto é, de suspendê-la e

---

4. FRIEDRICH HÖLDERLIN, *Sämtliche Werke (SW)*, Grosse Stuttgarter Ausgabe, Friedrich Beissner (ed.), Kohlhammer, vol. 6, p. 425.

5. PETER SZONDI, "Der Brief an Böhlendorf...", *Schriften I*, Suhrkamp, 1978, pp. 345-67.

6. Cf. "An Neuffer", carta de dezembro de 1790, *SW*, vol. 6, p. 289 e s.

conservá-la simultaneamente. Desfazer a abstração de uma linguagem demasiadamente precisa e que atinge seu objeto com facilidade excessiva, desdobrar um leque de "relações vivas" para as idéias supostamente claras na sua existência tradicional e convencional e reconduzir as noções puras a uma "contaminação" com o sensível constituem o percurso que se inicia em 1798 e que Hölderlin explicita em 1801 na carta a Böhlendorff.

> O que falta – escreve ele em 1798 – é menos a força do que a leveza, menos as idéias do que as nuances/matizes, menos o tom principal do que as tonalidades ordenadas de várias maneiras, menos a luz do que as sombras – e tudo isso por uma única razão: fujo demais do comum e do vulgar da vida real/efetiva (*wirklich*)[7].

Não se trata mais, para Hölderlin, de colocar o essencial na sua pureza simples e abstrata, nessa nobre clareza que suscita nossa profunda atração pela arte grega. Trata-se, ao contrário, de desenvolvê-lo nos seus encontros palpáveis, nos seus choques concretos com o mundo vulgar; Hegel, amigo da juventude, diria (embora não se refira diretamente à literatura) que o Absoluto se dissolve no contato com o "mundo resistente" (*widerhältige Welt*) num "estar-aí aparecente" (*erscheinendes Dasein*).

A mesma preocupação, tipicamente hegeliana, com a essência da aparência surge num outro trecho da mesma carta onde Hölderlin continua:

> O puro não pode representar-se a não ser no impuro, e se tu representares o nobre sem nenhum elemento comum, ele se tornará a coisa menos natural e a mais estranha (*unnatürlichste und ungereimteste*). Isso pela simples razão de que o nobre mesmo – a partir do momento em que se torna expressão – carrega a marca (*Farbe* – cor) do *destino* sob o qual se desenvolveu, pois o belo, tal como se apresenta na efetividade, adota necessariamente uma forma que *não lhe é natural*, devendo-se esta precisamente às circunstâncias sob as quais se produziu. A forma do Belo tornar-se-á natural apenas pela inclusão (na representação) das circunstâncias que lhe conferiram necessariamente esta forma[8].

O que mais chama a atenção aqui é a formulação profana do destino. Esta noção, que mantém um alto grau de abstração mesmo na forma "encarnada" das divindades gregas, vem inscrever-se, de repente, nas próprias coisas, enquanto história do seu desenvolvimento,

---

7. *Ibidem.*
8. *Ibidem.*

processo do seu engendramento / vir-a-ser. Nesta perspectiva, compreende-se que Hölderlin não se separa dos gregos com uma rejeição. Ao contrário, ele quer manter aquilo que aos nossos olhos aparece como a grande conquista de Homero – a "clareza da exposição"[9]. Mas essa clareza, que é conquista para os gregos, representa para nós uma inclinação imediata: "A meu ver, para nós a clareza da exposição é tão natural quanto o era, para os gregos, o fogo do céu (o *pathos*)[10]. Trata-se então para nós de reencontrar nossa faísca viva, nosso fogo, nosso *pathos* – o outro da nossa inclinação natural (que Hölderlin chama "o próprio", o "nacional" da arte hespérica). Em outras palavras, a arte hespérica deve encontrar através, ou dentro, da sua sobriedade um outro "destino" (seu próprio destino, seu destino próprio, sua própria alteridade) – uma dimensão insondável que não se abre mais *além* do sujeito (nas suas paixões ou na *hybris*, por exemplo), mas que se reencontra na aparente racionalidade da expressão, na linguagem apurada e sóbria.

Desta forma compreende-se a felicitação que Hölderlin dirige a Böhlendorff. "Ter ganho em precisão e eficaz habilidade"[11] sem no entanto ter perdido "calor", parece aos olhos de Hölderlin uma conquista tão louvável que ele acrescenta uma exclamação conjuratória: "Nós temos Um destino!" Esse destino comum, destino de poeta, é o de fazer surgir, na própria precisão, o calor vital, o sentimento vivo de que algo está em jogo, algo capital que diz respeito a todos nós. O trabalho do poeta é o de conciliar numa nova ótica e o de "supra-

---

9. Encontra-se uma articulação análoga do tornar-se profano e concreto da espiritualidade abstrata (do destino, das divindades) na *Estética* de Hegel. Cf. o capítulo "A Dissolução da Forma Clássica da Arte" que trata na sua primeira parte do destino, na segunda, da "dissolução dos deuses através do seu antropomorfismo" – forma externa que Hegel considera como o principal elemento da autodissolução do Espírito que se "supra-sume" (*aufhebt*) na consciência (*loc. cit.*, vol. 14, p. 107 e ss.).

10. Cf. Böhlendorff, carta de 4 de dezembro de 1801, *SW*, vol. 6, p. 425.

11. *Ibidem*.

sumir" (*aufheben*) a relação fria e morta entre a habilidade técnica e o *pathos* do verdadeiro.

No seu ensaio sobre dois poemas de Hölderlin, Walter Benjamin expõe as articulações desse trabalho de mediação (demonstração que recorre, aliás, a uma linguagem e a uma terminologia hegelianas). Benjamin fala da "crescente determinidade" que se manifesta na passagem da primeira à terceira versão, do "tornar-se palpável/visível/concreto (*anschaulich*) e sóbrio" da expressão, devido ao fato de que a mitologia – tradicionalmente em posição de superioridade (*übergeordnet*) – está sendo "suspensa" (*aufgehoben*) na concretude das coisas. "O vivente aparece como reificado/concretizado (*versachlicht*)"[12].

A linguagem homérica da primeira versão, com seus epítetos (sobretudo na segunda estrofe) e suas referências mitológicas explícitas, transforma-se gradativamente numa expressão aparentemente mais pobre, porém seu despojamento se torna mais tocante e rico em relações palpáveis (*anschaulich*) e visualizáveis.

Nossa tradução das três versões varia em relação às traduções francesas e portuguesas existentes[13]. Isso se deve sobretudo à preocupação de captar com maior fidelidade o trabalho poético que acentua as relações concretas da subjetividade lírica com o espaço e o tempo. É essa concretude (*Anschaulichkeit*) que prima sobre as seqüências aparentemente lógicas, cuja lógica, porém, se revela uma simples convenção gramatical (isso ocorre particularmente na última versão ao nível do encadeamento sintático via conjunções). Daí a "distorção" da sintaxe consagrada, da frase "correta" e "lógica", na qual a dilatação, a fragmentação e a inversão vão abrir um novo devir para o sentido e, conseqüentemente, um novo destino para o trabalho poético.

---

12. WALTER BENJAMIN, *Zwei Gedichte von Friedrich Hölderlin* (1914, 5 in *Schriften* II, 1, pp. 105 e ss. (Frankfurt, 1977).

13. HÖLDERLIN, *Poemas*, prefácio, seleção e tradução de Paulo Quintela, Coimbra, 1959.

DICHTERMUTH
Erste Fassung

Sind denn dir nicht verwandt alle Lebendigen?
Nährt zum Dienste denn nicht selber die Parze dich?
   Drum! so wandle nur wehrlos
      Fort durch's Leben und sorge nicht!

Was geschiehet, es sei alles geseegnet dir,
  Sei zur Frende gewandt! oder was könnte denn   5
   Dich belaidigen, Herz! was
      Da begegnen, wohin du sollst?

Denn, wie still am Gestad, oder in silberner
  Fernhintönender Fluth, oder auf schweigenden   10
   Wassertiefen der leichte
      Schwimmer wandelt, so sind auch wir,

Wir, die Dichter des Volks, gerne, wo Lebendes
Um uns athmet und wallt, freudig, und jedem hold,
   Jedem trauend; wie sängen   15
      Sonst wir jedem den eignen Gott?

Wenn die Wooge denn auch einen der Muthigen,
Wo er treulich getraut, schmeichlend hinunterzieht,
   Und die Stimme des Sängers
      Nun in blauender Halle schweigt;   20

Freudig starb er und noch klagen die Einsamen,
Seine Haine, den Fall ihres Geliebtesten;
   Öfters tönet der Jungfrau
      Vom Gezweige sein freundlich Lied.

Wenn des Abends vorbei Einer der Unsern kömmt,   25
  Wo der Bruder ihm sank, denket er manches wohl
   An der warnenden Stelle,
      Schweigt und gehet gerüsteter.

CORAGEM DE POETA (primeira versão)

Pois não são teus parentes todos os viventes?
  Não te nutre, no serviço, a própria Parca?
    Vaga, pois, indefeso através
      Da vida, e não te preocupes!

O que aconteça, tudo te seja abençoado,
  Seja tornado em alegria! ou o que
    Poderia afrontar-te, coração? O que poderia
      Acontecer-te, lá para onde deves ir?

Pois como o nadador ágil que vaga, doce,
  Nas águas ou na onda de prata que até longe ressoa,
    Ou nas profundezas de água silenciosa,
      Assim nós estamos também,

Nós, os poetas do povo, com prazer, lá onde o vivente
  Em torno de nós respira e ondula, alegres, abertos a todos
    E de todos confiantes; como cantaríamos
      Senão para cada um o seu próprio deus?

E mesmo que a onda atraia um dos corajosos,
  Lá onde confiava, fiel, meigamente abaixo,
    E que a voz do cantor
      Se cale então nas salas azuladas;

Alegre ele morreu, e ainda choram os solitários,
  Seus Bosques, a queda do seu mais amado;
    Às vezes, ressoando da ramagem,
      A virgem ouve o seu canto amável.

Quando de noite Um dos nossos passa,
  Lá onde seu irmão sucumbiu, ele pensa seguramente
    várias coisas
    No lugar do aviso,
      Se cala e vai mais armado.

DICHTERMUTH
Zweite Fassung

Sind denn dir nicht verwandt alle Lebendigen,
  Nährt die Parze denn nicht selber im Dienste dich?
    Drum, so wandle nur wehrlos
      Fort durchs Leben, und fürchte nichts!

Was geschiehet, es sei alles geseegnet dir, 5
  Sei zur Freude gewandt! oder was könnte denn
    Dich belaidigen, Herz! was
      Da begegnen, wohin du sollst?

Denn, seitdem der Gesang sterblichen Lippen sich
  Friedenathmend entwand, frommend in Laid und Glük 10
    Unsre Weise der Menschen
      Herz erfreute, so waren auch

Wir, die Sänger des Volks, gerne bei Lebenden
  Wo sich vieles gesellt, freudig und jedem hold,
    Jedem offen; so ist ja 15
      Unser Ahne, der Sonnengott,

Der den fröhlichen Tag Armen und Reichen gönnt,
  Der in flüchtiger Zeit uns, die Vergänglichen,
    Aufgerichtet an goldnen
      Gängelbanden, wie Kinder, hält. 20

Ihn erwartet, auch ihn nimmt, wo die Stunde kömmt,
  Seine purpurne Fluth; sieh! und das edle Licht
    Gehet, kundig des Wandels,
      Gleichgesinnet hinab den Pfad.

So vergehe denn auch, wenn es die Zeit einst ist 25
  Und dem Geiste sein Recht nirgend gebricht, so sterb'
    Einst im Ernste des Lebens
      Unsre Freude, doch schönen Tod!

CORAGEM DE POETA (segunda versão)

Pois não são teus parentes todos os viventes?
  Não te nutre, no serviço, a própria Parca?
    Vaga, pois, indefeso através
      Da vida, e nada receies!

O que aconteça, tudo te seja abençoado,
  Tudo tornado em alegria: ou o que
    Poderia afrontar-te, coração? O que poderia
      Acontecer-te, lá para onde deves ir?

Pois desde que o canto se libertou dos lábios
  Mortais, respirando paz, e a nossa melodia,
    Decente na dor e na fortuna, alegrou
      Dos homens o coração, assim também estamos

Nós, os cantores do povo, com prazer entre os viventes
  Onde muitos se reúnem, alegres e amigos de todos.
    Abertos a todos; pois assim é
      O nosso ancestral, o Deus do Sol,

Que concede o dia alegre a ricos e pobres,
  Que em tempo fugaz, a nós efêmeros,
    Mantém erectos com andadeiras
      De ouro, como crianças.

A ele espera-o, a ele também acolhe, quando a hora chega,
  A sua onda purpúrea; olha! e a nobre luz
    Vai, sabedora da mudança,
      Equânime, vereda abaixo.

Assim vá também, quando um dia o tempo chegar
  E se ao espírito nenhures falte a justiça, assim morra
    Um dia no sério da vida
      A nossa alegria, porém de morte bela!

BLÖDIGKEIT

Sind denn dir nicht bekannt viele Lebendigen?
  Geht auf Wahrem dein Fuss nicht, wie auf Teppichen?
    Drum, mein Genius! tritt nur
      Baar in's Leben, und sorge nicht!

Was geschiehet, es sei alles gelegen dir! 5
  Sei zur Freude gereimt, oder was könnte denn
    Dich belaidigen, Herz, was
      Da begegnen, wohin du sollst?

Denn, seit Himmlischen gleich Menschen, ein einsam Wild
  Und die Himmlischen selbst führet, der Einkehr zu, 10
    Der Gesang und der Fürsten
      Chor, nach Arten, so waren auch

Wir, die Zungen des Volks, gerne bei Lebenden,
  Wo sich vieles gesellt, freudig und jedem gleich,
    Jedem offen, so ist ja 15
      Unser Vater, des Himmels Gott,

Der den denkenden Tag Armen und Reichen gönnt,
  Der, zur Wende der Zeit, uns die Entschlafenden
    Aufgerichtet an goldnen
      Gängelbanden, wie Kinder, hält. 20

Gut auch sind und geschikt einem zu etwas wir,
  Wenn wir kommen, mit Kunst, und von den Himmlischen
    Einen bringen. Doch selber
      Bringen-schikliche Hände wir.

IMBECILIDADE
(terceira versão de "Coragem de Poeta")

Pois não conheces tu muitos viventes?
  E não anda teu pé no verdadeiro como num tapete?
    Pois, meu gênio! Entra nu
      Na vida e não te preocupes!

O que aconteça, tudo te seja oportuno!
  Torne-se a tua alegria, ou o que
  Poderia afrontar-te, coração, o que
    Acontecer-te, lá para onde deves ir?

Pois, desde que aos celestes iguais os homens, uma caça
    solitária,
  E os próprios celestes guiam, para o encontro,
  O canto e o coro dos
    Príncipes, de maneiras, assim também ficamos*

Nós, línguas do povo, com prazer entre os viventes,
  Onde muitos se reúnem, alegres e iguais a todos
    Abertos a todos, assim também é
    Nosso pai, do céu o deus

Que concede o dia pensante a pobres e ricos,
  Que mantém, no retornar do tempo, nós que adormecemos
    Eretos em andadeiras
    De ouro, como crianças.

Bons nós somos e destros para um em-algo
  Quando chegamos, com arte, e dos celestes
    Trazemos Um. Nós mesmos, entanto,
    Trazemos destras mãos.

  Nossa tradução tenta seguir, tão rigorosamente
quanto possível, a dicção sóbria do alemão. Isso significa uma renúncia às fórmulas já significantes legadas por
nosso patrimônio clássico, humanista e classicista, com
os seus *topoi*, imagens e metáforas consagradas. Por
exemplo: *Herz* (v. 6) ≠ ó coração mas "coração"; *das
edle Licht* (2ª versão, v. 22) ≠ astro sublime mas "a
nobre luz"; *den fröhlichen Tag* ≠ a luz risonha mas "o

---

* A ausência de casos diferenciados impossibilita, nas línguas lati-
nas, uma plena legibilidade desta estrofe. A frase principal é: "O canto e o
coro dos príncipes guiam"; "os homens" e "os próprios celestes" (v. 9
e v. 10) são objeto direto.

dia alegre" (2ª versão, v. 17); *im Ernste des Lebens* ≠ na gravidade da vida mas "no sério da vida" (2ª versão, v. 27).

Embora a primeira e a segunda versão mantenham uma série de elementos do patrimônio clássico, estes se encontram, no entanto, suspensos (*aufgehoben* = mantidos e suspensos ao mesmo tempo) numa dicção que se aproxima — apesar da complexidade sintática — das formulações cotidianas e familiares do alemão falado. Por exemplo, o uso não causal mas enfático dos advérbios *denn* (1ª versão, vv. 1, 7, 9, 17), *sonst* (1ª versão, v. 16), o comparativo da linguagem familiar *öfters* (1ª versão, v. 23), a injunção *drum* (v. 3) e fórmulas idiomáticas como *es sei dir gelegen* (3ª versão, v. 5).

Outra particularidade da linguagem hölderliniana é a utilização de verbos compostos que acentuam o movimento, o processo de uma ação no tempo e no espaço: *Wandle... fort* (1ª versão, vv. 3-4, v. 12), *sei gewandt* (1ª versão, v. 6), *hinunterziehen* (1ª versão, v. 18), *geht hinab* (2ª versão, vv. 23-4), *Vorbeikommen* (1ª versão, v. 25).

Esse dinamismo vai crescendo na segunda versão, onde a composição do verbo com particípios presentes faz sentir o movimento de um devir: *friedènatmend entwand* (2ª versão, v. 10); *frommend erfreute* (2ª versão, vv. 10-12).

O desdobramento de uma processualidade chega a um ponto extremo na terceira estrofe da terceira versão. A frase principal inverte o esquema sintático — exclusivo do alemão — sujeito-objeto-verbo. Normalmente a frase principal seria assim enunciada: "o canto e o coro dos príncipes guiam ao encontro os homens e os celestes". Ora, a dilatação da frase pela inserção de um objeto gramatical complexo ("os homens, iguais aos celestes, caça solitária") dificulta a tal ponto a leitura e a compreensão que o bloqueio (quase insuperável também para o leitor germanofônico) cria uma sensação de desvio, de retardamento e de errância que aparece como tempo — muito tempo que passou. Sem sequer mencionar o tempo (explicitamente ou de maneira figurada), a estrutura sintática coloca concretamente o problema do tempo, do processo do devir e do não-ser-mais.

O tempo parece ter também um papel na transformação do título "Dichtermut" em "Blödigkeit". Nas duas primeiras versões, a coragem aparece como o atributo do poeta – atributo que o põe em relação com a finitude (o tempo, a morte, a Parca etc.) e que lhe garante uma transcendência em relação a essas determinações. Mas as figuras do tempo e da finitude (seu destino) encontram-se, como diria Hegel, numa relação de exterioridade com a subjetividade do poeta. O destino o sustenta de fora – para o bem e para o mal: a "água" (1ª versão, v. 9), a "onda" (v. 10), o "vivente" (v. 13) sustentam o poeta, mas ao mesmo tempo ameaçam engoli-lo como "corajoso" (v. 17).

O poeta inscreve-se assim numa matriz ainda mítica que une as coisas do mundo através de relações de simples oposição. Na sua relação antagônica com o destino (a Parca, a onda, o tempo), a coragem aparece como uma qualidade tão exterior e abstrata como as figuras do destino. No entanto, a metamorfose do título em "Blödigkeit" (tolice, imbecilidade) evidencia que as primeiras versões de "Coragem de Poeta" tampouco representam uma expressão do *topos* classicista.

Se, nas duas primeiras versões, a posição do poeta parecia apoiada nos vestígios de uma retórica tradicional (o paralelismo com o nadador e, mais classicista ainda, com Apolo), a terceira versão renuncia a todo e qualquer lugar-comum. O poeta não se encontra mais na posição de herói ou de preceptor (posição insistentemente reivindicada desde a Idade Média e durante o Renascimento), o trabalho poético não se utiliza mais do suporte da convenção, porém se reconhece como carente de sustentação externa. Abandonado pelos deuses objetivos e externos, o poeta descobre seu destino na sua própria atividade, nos seus desdobramentos, na sua história. O destino surge progressivamente com o trabalho concreto – trabalho que não é mais apenas de ordem intelectual e "superior" mas que se apresenta como o esforço das mãos que escrevem.

Voltemos à última estrofe. A estranha formulação

Gut auch sind und geschickt einem zu etwas wir
Bons nós somos e destros para um em-algo (v. 21).

faz do poeta-herói um poeta-artesão cujo destino se inscreve no produto da sua habilidade manual. Se o advérbio e o adjetivo *geschickt* significam "hábil, destro", o substantivo homofônico *Geschick* significa em primeiro lugar "destino, fado" e só por extensão "habilidade, desteridade". É então graças à desteridade das mãos (*geschickte, schickliche Hände*) que reescrevem e retomam aquilo que foi escrito ao acaso – e que se abandonam humildemente ao trabalho – que o texto, uma vez escrito, voltar-se-á sobre o seu autor, traçando um destino novo e imprevisto do poeta: um *Schicksal* que não é pronto e acabado como o da Parca, que não se trama por cima da cabeça do sujeito, mas que surge na própria *Geschick* (desteridade) das suas mãos, mãos envolvidas num trabalho concreto e "manual".

Ora, sempre reconhecendo-se como "bestamente" (*blöd*) dependente de um "depois" que modifica o texto sem acabá-lo, o poeta renuncia à sua posição gloriosa de herói emancipador e parente de Apolo. Mas, a partir desse momento, sua arte não se sustenta mais – a não ser num ponto de suspensão totalmente indeterminado: "Bons nós somos e destros para um em-algo" (v. 21). Em outras palavras, sua atividade serve para "*algo*", sem que se possa especificar para que, e ela serve para "*um*", sem que se possa determinar quem é este "um".

O mesmo vale, ao que parece, para a essência da arte. A atividade poética não traz uma figura determinada do verdadeiro – o canto, o coro dos príncipes –, mas apenas um fragmento ("Um", v. 23) de uma essência espiritual anônima: "dos celestes". Contudo, esse fragmento, esse algo, é "trazido" muito concretamente e, de certa forma, embutido num dom muito palpável – o dom das "mãos destras" do último verso ("Nós mesmos, entanto,/Trazemos destras mãos").

II. ARTICULAÇÕES

4. A LINGUAGEM LIBERADA

Seria possível fazer uma releitura da modernidade a partir do Romantismo? Sendo essa releitura possível, como é a abordagem aqui proposta, ela deveria realçar o avesso, o outro, do Romantismo "dominante" que vai acompanhar subterraneamente o surgimento das "ciências" modernas: lingüística e psicanálise. Denominamos essa corrente de o outro de um romantismo corriqueiro, reconhecido como tal graças a classificações temáticas e tipológicas que fixam suas características mais aparentes: a consciência infeliz, o mal do século etc. Há, com efeito, o avesso do Romantismo que não se esgota na enumeração e reiteração de um conjunto de temas, normas e técnicas novas e aparentemente "típicas" da arte romântica, mas que nos induz a investigar, através da novidade dos mais recentes fenômenos artísticos, os fundamentos da arte em geral e do sujeito envolvido no processo de criação. Este outro do Romantismo constitui, pois, uma reflexão teórica que escapa pela primeira vez aos parâmetros normativos da teoria dos três gêneros, abrindo assim caminho à investigação da linguagem como sistema simbólico universal e meta-histórico.

Friedrich Schlegel, por exemplo, a propósito do *Wilhelm Meister* de Goethe, começa a subverter a idéia de que as personagens, temas, imagens e motivos de um romance seriam, em si mesmos, os elementos relevantes[1]. Através da análise dos procedimentos formais desse romance, ele refuta uma das principais pressuposições da doutrina dos três gêneros, a de que a escolha do material determinaria enquanto tal o significado e o gênero do texto literário. Em estilo eufórico, próprio dos seus escritos de juventude, F. Schlegel invoca o *Absolute der Dichtung*, o absoluto não tanto da poesia, mas geralmente da criação que usa os meios da palavra (*Sprachkunst*). Este "absoluto" designa a liberdade criadora, a possibilidade de criar significações independentemente de "realidades" preexistentes e que reduziriam a arte a uma simples função mimética. Livre da obrigação referencial, isto é, da obrigação de reproduzir a verdade supostamente inerente ao objeto, independente de sua representação artística, Schlegel atribui ao discurso artístico um pensamento autônomo – "absoluto" –, desdobrando-se num jogo poético que torna vivos materiais antigos e convencionais pela sua integração em novas figurações – *Arabesken*, – movimentos, associações e ritmos poéticos.

Ora, reconhecer a importância do jogo *formal* com elementos que não têm significado em si ou cujo significado convencional e arbitrário se revela como tal pela nova significação que podem adquirir num novo sintagma (seqüência narrativa, poema, quadro), é uma descoberta que não deixa de ter eco na leitura do *Cours de Linguistique Générale* de Ferdinand de Saussure.

No entanto, F. Schlegel está longe de ser o único dessa época a se debater com os problemas da "arbitra-

---

1. F. SCHILLER, *Briefwechsel*, H. G. Gräf und A. Leitzmann (ed.), Leipzig, 1912, carta de 1.XII.1788.

riedade do signo" e da produção ilimitada de significações pelo encadeamento particular de elementos significantes.

Numa carta em quem faz considerações sobre o enigma da criação e as causas da esterilidade artística, Schiller aponta o mesmo dinamismo da suposta "matéria-prima" da obra em formação (isto é, daquelas subunidades do texto que a lingüística moderna vai chamar de "significantes"). Schiller sublinha que o potencial significante não é imanente a cada elemento separado, isoladamente, mas depende da sua posição num fluxo de elementos (representações) múltiplos — fluxo este que vai criando novos sentidos sobre os quais o entendimento não tem domínio imediato e *a priori*. Esses sentidos que surgem livremente, a razão tem de resgatá-los de certa forma *ex post facto*:

> O motivo das tuas queixas, escreve Schiller ao seu amigo poeta Körner[2], reside a meu ver na coerção que o teu entendimento (*Verstand*) exerce sobre tua imaginação. (...) Não parece proveitoso para as criações da alma que o entendimento examine as idéias afluentes antes de acolhê-las, e com demasiado rigor. Uma idéia pode ser, isoladamente, pouco importante ou aventureira (absurda), mas talvez ela possa, junto com outra posterior, igualmente banal ou exagerada, estabelecer um elo pertinente: nada disso o entendimento pode julgar se não as *segurar* suficiente tempo para *vê-las em relação umas com as outras*. Numa cabeça criadora, eu acho, o entendimento retira a guarda das portas, as idéias entram *pêle-mêle*, e só então ele olha e examina o todo. Senhores Críticos, ou como vos chamais, ficais com vergonha ou temeis o furor momentâneo e efêmero que se encontra em todos os criadores originais, e cuja maior ou menor duração distingue o *artista pensador* do sonhador. Daí a esterilidade da qual vos queixais: vocês rejeitam rápido demais e escolhem com demasiado rigor.

Nota-se em primeiro lugar que Schiller não elimina a razão do campo da criação artística. Ao contrário, é ela mesma que se torna criadora no momento em que renuncia a impor sentidos preexistentes supostamente materializados em idéias prontas, unívocas; ou seja, ela tem de conceder às idéias soltas — isto é, a todo tipo de representações — sua capacidade de "figurar" sentido. Em outras palavras, a razão encontra-se por assim dizer

---

2. *Ibidem*.

fora de si mesma, na capacidade de as representações circunscreverem, através de um jogo de relações, as significações que se situam além de cada uma das representações isoladas que constituem o texto.

Essa autonomia das representações – reconhecida e explorada conscientemente na prática da escritura – conduz a inovações marcantes, como a queda das rígidas fronteiras entre os gêneros, engendrando as famosas "formas mistas"[3] voluntariamente híbridas – entre as quais o romance *Wilhelm Meister* é o exemplo *par excellence*, le roman tout court, sans épithète" segundo a fórmula de Novalis.

Já os dramas do "Sturm und Drang" afirmam, porém, na prática literária a falta de fundamento da doutrina classicista dos três gêneros. Se esta postula (através da exigência das três unidades e das restrições relativas à escolha da "matéria", isto é, dos temas e personagens) um vínculo necessário que ligaria determinados significados a determinados elementos significantes, o drama *Götz von Berlichingen*[4] de Goethe demonstra com insistência e provocação a irrelevância de tal postulado. O *Götz* fornece a prova concreta de que um complexo de significados (tal como a figura da "nobreza") não está ligado nem a um material predeterminado (personagens de nível elevado, locais sublimes, linguagem num alto registro) nem a características formais (a unidade de tempo, espaço e ação). Transgredindo uma a uma *todas* essas normas, o *Götz* chega no entanto a encenar os valores da nobreza espiritual mediante uma hiperdispersão de ações, locais e personagens de extração social diversa, falando uma linguagem mais do que relaxada. Mas as obras do "Sturm und Drang" não são evidentemente as únicas que medeiam essa nova visão. A idéia de que as significações não estão prontas, materializadas e quase que palpáveis em determinadas formas, percorre todas as tentativas de ampliar os temas dignos de

---

3. *Briefwechsel zwischen Schiller und Goethe*, H. G. Gräf und A. Leitzmann (ed.), Leipzig, 1912, 3 vols., vol. I, n. 367.

4. J. W. GOETHE, *Götz von Berlichingen*, Reklam, 1971.

um tratamento artístico, como, por exemplo, o drama burguês que nasce na Inglaterra, na França e na Alemanha no decorrer do século XVIII.

Ora, o que se faz na prática não pode ser facilmente transposto a um discurso teórico. Assim Schiller – que descreveu com tanta perspicácia o "enigma" do fazer artístico ao apontar como fonte da criatividade a abertura e a potencialidade ilimitadas de representações que entram num conjunto (sintagma) – parece esperar a revelação (e a solução talvez) deste enigma em um outro pensamento: o do filósofo Schelling. As cartas a Goethe anunciam com entusiasmo o início do curso deste último sobre Filosofia da Arte, mas logo depois seguem outras cartas, decepcionadas, onde Schiller lamenta que a teoria do "idealista" Schelling "não leva suficientemente em conta a experiência" (da prática artística) ao descrever o nascimento de uma obra como "a marcha da consciência em direção à inconsciência"[5].

A decepção é compreensível quando se comparam as duas visões do trabalho artístico. Para Schiller, a obra é o produto de um trabalho em dois tempos: 1) a autolimitação da razão (que se revela na experiência artística como escrava dócil das convenções) que permite o livre fluxo das representações: "o entendimento não pode julgar (da validade das representações) se ele não as segurar tempo suficiente para vê-las em relação umas com as outras" (cf. *supra*, p. 3); 2) só após essa suspensão de si mesma, a razão pode exercer sua censura, examinando as representações, selecionando e realçando certas relações (talvez inesperadas) entre elas, relações estas que não são fruto da razão, mas do livre jogo dos elementos significantes.

O Shiller maduro não se entrega mais às formulações obscuras de um Schelling que descreve o espírito criador como "uma força que separa (o artista) de todos os homens"[6], e Schiller fica como que constrangido

---

5. *Loc. cit.*, carta de 27 de março de 1801.
6. FR. W. SCHELLING, *Sämtliche Werke*, Stuttgart u. Augsburg, 1856-60, t. 3, pp. 616-620.

diante de um *plaidoyer* em favor de forças opacas e irracionais. Schelling fala, por exemplo, da "profundidade insondável que o verdadeiro artista (...) põe involuntariamente na sua obra", profundidade esta "que nem ele (o artista) nem os outros podem penetrar totalmente"[7].

Ao poeta, as formulações sobre as profundezas insondáveis do inconsciente romântico — região não contaminada da natureza primordial, situada fora da história — não parecem convincentes enquanto explicações das conquistas da sua época.

De maneira confusa, Schiller sabe (como o sabem os românticos) que o *Wilhelm Meister* é *a* obra *par excellence*, porque nesse romance a história fala livremente de si mesma através da conjugação — inadmissível para uma poética normativa — dos seus dados e fatos contraditórios.

É interessante conferir essas posições críticas e teóricas — embora pouco sistematizadas e dispersas em múltiplas cartas e correspondências — com a elaboração do conceito de "arte romântica" no sistema da *Estética* de Hegel.

A estética hegeliana analisa toda a evolução histórica da arte como processo de vir-a-ser significante de um material concreto qualquer e de supressão de significados históricos (aparentemente) fixos pelo ir-adiante (*Fortschreiten*) do movimento significante (do espírito). Esse movimento revela como ilusória a divisão nítida, binária, entre conteúdo e forma, pois qualquer elemento — concreto ou formal — pode tornar-se "conteúdo", isto é, objeto da representação artística. Hegel analisa entre outros exemplos a pintura holandesa, cujo *objeto* é menos a cena anódina (do fazer estético) do que o uso apurado das cores, da luz e da sombra. Nela se põe em cena a consciência de um artista que reconhece plenamente o valor objetivo do trabalho técnico — artesanal —, a grande conquista da burguesia holandesa[8].

7. *Ibidem*, p. 613.
8. G. W. F. HEGEL, *Werke in 20 Bänden*, Frankfurt, 1979, vol. 14 (*Estética*), pp. 225 e ss.

As formulações de Hegel sobre a especificidade da pintura, da música e da poesia são exemplos surpreendentes de uma reflexão estética consciente dos problemas formais que a chamada teoria do texto, um século mais tarde, vai reformular e elaborar. De fato, Hegel mostra ao longo das suas *Lições sobre Estética* que no domínio da arte, cada imagem, cada som, cada palavra ou figura retórica são apenas elementos de um todo, no qual o elemento singular não remete imediatamente àquilo que parece representar ou imitar, mas é apenas um ponto de transição do *movimento das mediações que relacionam* esses momentos. A concepção hegeliana põe em evidência o dinamismo e a processualidade da arte que consiste essencialmente num fazer-vibrar as potencialidades inesperadas de um material aparentemente conhecido, convencional, mas de fato totalmente aberto a uma transvalorização (*Umwertung*). As formulações de Hegel indicam que o próprio da arte não é tanto representar *algo* (em modos diferentes), mas o *representar o representar*, isto é, o refletir, o voltar-se sobre si mesma, rebaixando todo e qualquer elemento formal ou concreto – ao nível de significante que serve para novas figurações significativas.

Qual é, então, a especificidade do conceito hegeliano de "arte romântica"? São românticos aqueles momentos da arte (desde os inícios!) que "tematizam" e explicitam a arbitrariedade do fazer estético – isto é, a consciência de que criar objetos artísticos não é reproduzir objetos preexistentes, mas manipular significações, criando assim mediações para o pensar. A arte é romântica quando encena seus múltiplos distanciamentos do objeto "natural": – transpondo a tridimensionalidade em bidimensionalidade (passagem da escultura para a pintura), – o objeto concreto em objeto descrito (poesia) ou dissolvendo o objeto em pura temporalidade (música).

Formas do romântico hegeliano além da sua época seriam os fenômenos da modernidade (surrealismo, poesia concreta, *nouveau roman*) na medida em que neles se desenvolve o movimento de explicitação e de reflexão do processo formal do fazer artístico.

Hegel vê no romântico não apenas uma mudança de estilos e temas, mas uma *ampliação* do artístico, a abertura do domínio da arte a todo e qualquer "conteúdo" material. Ou seja, qualquer elemento pode servir para pensar esteticamente o mundo e suas possibilidades. O aparentemente feio, o não-importante e o irracional vão adquirindo dignidade estética pelo fato de serem reconhecidos nas suas potencialidades significantes em vez de sofrerem uma triagem preliminar que decidiria do valor em si de cada elemento. Hegel os reconhece como "aparências" no duplo sentido da palavra: vazias e cheias na medida em que vão fazer aparecer o movimento significante que as anima, desaparecendo nele ao mesmo tempo.

Essas considerações alimentam-se sem dúvida da análise e da reflexão sobre as obras e doutrinas dos seus contemporâneos, particularmente da crítica feita por Hegel à *Filosofia da Arte* de Schelling.

Hegel renuncia ao desejo de "resolver" o enigma da criação invocando um lugar ou uma fonte mítica dos quais o artista tiraria forças, substâncias ou inspirações que escapem aos homens comuns. A *Estética* limita-se à análise dos fenômenos, isto é, das realidades artísticas. São essas análises que evidenciam as mudanças e variações da construção (desestruturação poder-se-ia dizer) que sofrem os materiais no transcurso da evolução histórica. As mudanças estruturais transferem os diferentes elementos a posições – "papéis" – diversificados, transferências denominadas por Hegel de o "ir-adiante", o movimento que anima a arte.

Nesta perspectiva, o "fim da arte"[9] não se confunde com um término, mas com o momento em que os aspectos formais (estilo, ritmo, enfim: maneiras de "movimentar" um material bruto) assumem *explicitamente* um papel significante.

---

9. Cf. G. W. F. HEGEL, *Sämtliche Werke*, H. Glockner (ed.), Stuttgart, 1927, Bd. 1, p. 87: "(...) a arte vai além de si mesma (...) mas ela o faz com seus próprios meios".

Exemplos deste "ir além de si mesma" que exprime uma volta ao seu ser mais íntimo (uma reflexão) se encontram desde os inícios da arte nas construções híbridas, nas quais o choque de estilos se torna significante (paródia, ironia) e nos "maneirismos", em que o objeto concreto representado desaparece (perde importância) atrás da *mise en scène* que o encena. Mas a melhor ilustração do fato de que o "fim da arte" não pode ser entendido como parada ou decadência é a evolução do século XX: a explosão dos modos de tratar artisticamente ("com os próprios meios da arte") aspectos aparentemente formais. Andy Warhol ou Marcel Duchamp ilustram, sem a ajuda de um discurso teórico, em que consiste o fazer estético – movimentar ou pôr em cena algo que ao mesmo tempo é nada: as caixas de sabão e o secador de garrafas tornam-se objeto de arte porque neles se apóia um ato significante.

O "teatro" de Beckett (que se abre também à leitura silenciosa e, às vezes, só a esta – por exemplo, *Le Dépeupleur*[10]) evidencia de maneira análoga o jogo formal. Ele mostra a profundidade existencial que podem adquirir fórmulas cotidianas, gestos totalmente vazios ou hábitos convencionais. A aparência absurda e imóvel da cena beckettiana revela-se efetivamente pura aparência, pois aquilo que se vê tem de ser lido ao pé da letra. A cena beckettiana não é mais representação de algo, porém se dá como texto: a areia que sobe lentamente até o pescoço da velhinha redobra o significado da reiteração das palavras e fórmulas usadas – ela é areia da ampulheta que anuncia (literalmente) o fim dos "Oh, les beaux jours!"[11].

Ir ao fim significa explorar seus limites. A arte que mostra explicitamente que não depende de um material ou de subunidades já significantes, mas que é das *suas operações* que nascem os significados, encontra-se exatamente no seu limite, limite este que a separa de – e ao mesmo tempo a faz comunicar com o pensamento

---

10. S. BECKETT, *Le Dépeupleur*, Paris, Minuit, 1977.
11. S. BECKETT, *Oh, les beaux jours!*, Paris, Flammarion, 1972.

conceitual. A linguagem artística é ao mesmo tempo linguagem *tout court*.

Aqui está talvez o maior mérito da parte especulativa da estética — aquilo que a distingue das teorizações dos românticos. Sua sobriedade, pouco suscetível de se deixar atrair por expressões opacas como "o furor efêmero do gênio", permite integrar a arte no movimento da razão, isto é, no processo da própria linguagem na qual se geram os conceitos. Hegel obriga-nos a considerar as formas artísticas como figurações da razão, mediações indispensáveis do pensar no seu sentido forte e conceitual, e não como irrupções da inspiração, arquétipos ou formas pré-lógicas que escapariam ao entendimento humano comum. Insistindo no primado do movimento formal que medeia, anima e transforma o significado imediato, convencional ou natural dos seus elementos constitutivos, Hegel acaba com a "solução" mítica dos românticos, que invocam uma "região" privilegiada além da consciência comum, uma ilha perdida onde a natureza primordial teria se preservado indene, alimentando as forças criativas e o entusiasmo poético. A análise da processualidade do artístico lhe permite renunciar à pseudo-explicação do "Inconsciente" romântico. Nesse sentido, a *Estética* aproxima-se estruturalmente de um modo de análise que permite a conceitualização de um novo tipo de inconsciente — o de Freud.

Na *Interpretação dos Sonhos*, primeira sistematização do método analítico, toda a discussão introdutória mostra a mesma reticência diante de uma solução do problema teórico baseada no postulado de um princípio alheio ao fenômeno a ser elucidado. Freud se recusa a aceitar a explicação somática do sonho (causas orgânicas, estimulações fisiológicas), porém tampouco aceita a hipótese de um enfraquecimento do princípio sintetizante da atividade psíquica no estado de sono. Em outras palavras, recusa-se a criar "princípios" (simples nomes) na medida em que surgem fenômenos inexplicáveis.

A atitude de Freud é análoga à de Hegel, pois ambos procuram uma explicação que provenha "de dentro" do fenômeno observado, uma chave fornecida pelo próprio fenômeno. Em consequência – e aqui está a grande novidade da *Traumdeutung* –, ele se concentra na *análise formal* do sonho. Transferindo a autoridade da interpretação para o sonhador – ou, melhor dito, para o *discurso* do sonhador que relata e comenta o sonho –, Freud segue explicitamente a sugestão de Schiller ao recomendar a autolimitação da razão (da consciência) em favor do livre fluxo das idéias (a livre associação). Certamente não é por acaso que Freud cita *in extenso* a carta de Schiller ao amigo poeta Körner, logo no início do capítulo sobre o "Método de Interpretação dos Sonhos" (cap. 2).

Assim, as cartas que escreve na mesma época ao amigo W. Fliess descrevem a elaboração da primeira teoria da psicanálise como um período de inatividade, como um estado de esperança. Freud faz suas as palavras de Hamlet: "To be in readiness"[12]. O que conta é o deixar fluir as idéias no ritmo que lhes é próprio, trabalhando depois o sentido do *movimento* que trouxe estas idéias (elementos aparentemente díspares e às vezes absurdos) à superfície, isto é, à consciência. Nota-se a fidelidade com a qual Freud segue os conselhos de Schiller, tanto na interpretação dos sonhos, quanto na elaboração da teoria psicanalítica. Ele se recusa a "triar com rigor exagerado" e "antes de acolhê-las" todas as idéias que surgem livremente, sem a ajuda da razão consciente, com o intuito de examinar sua própria racionalidade.

Tal atitude de reserva questiona o primado da racionalidade consciente que muitas vezes se revela simples instância reprodutora de idéias já batidas. Ela acompanha a descoberta do movimento significante do sonho, movimento este cujas configurações obedecem às mesmas regras que organizam o "uso comum da linguagem" (*den allgemeinen Sprachgebrauch*) – tanto a charada e o chiste, quanto as fórmulas idiomáticas.

---

12. Cf. S. FREUD, *La Naissance de la Psychanalyse*, Paris, P.U.F., 1956, pp. 190-193.

Toda a descoberta freudiana está centrada na demonstração de que as imagens (ou outros elementos) do sonho relacionadas com a vida empírica e vivida do sujeito não se referem imediatamente a essas "realidades", ou seja, não as representam diretamente, porém são apenas significantes cujo valor depende não da sua proveniência real, mas das relações que se criam entre os elementos que formam o sonho. O método interpretativo de Freud consiste num nivelamento preliminar que confere igual valor de puros significantes a todos os elementos, submetidos ao "trabalho" do sintagma – trabalho este que se revela o verdadeiro "produtor" de significações independentes do significado que uma imagem da construção onírica possa ter em si, enquanto "coisa" da vida real.

O sonho, o delírio e os sintomas são construções plenas de sentido do inconsciente que cria mediações imaginárias indispensáveis ao pensamento. Todos eles desconstroem as relações entre as coisas tais como estas se impõem na vida empírica, reestruturando-as ao nível de construções simbólicas que elaboram de maneira precisa determinadas *possibilidades* – isto é, significações virtuais – dos dados reais. Estes últimos transformam-se em significantes – ou seja, perdem seu estatuto "objetivo" e "real" – e desaparecem no movimento significante que coloca o sentido além de cada um deles. O inconsciente freudiano é o "lugar" imaginário que sustenta, fundamenta e preside o processo de criação do significado. Tal espaço imaginário possibilita a representação do princípio fundador que ordena os fenômenos mais variados da observação empírica: dos delírios até a vida de todos os dias. O novo conceito de inconsciente, Freud apóia-se, de um lado, nas reflexões sobre a pio supremo mas totalmente opaco –, mas se *constrói*: é a projeção num lugar-de-representação do movimento significante que estrutura de maneira específica os fenômenos mais diversos.

Ora, na elaboração do método analítico (1897-1899) que vai permitir a construção do conceito de inconsciente, Freud apóia-se de um lado nas reflexões sobre a gênese da obra de arte e, de outro, no funcionamento das obras que mais o fascinam nessa época: *Édipo Rei* e *Hamlet*. Com uma sensibilidade extraordinária para o *pensamento estético*, Freud vai desvendar nessas obras a metáfora do limite que as articula. Em torno desse limite se organiza a tensão fundamental entre dados reais, naturais e as virtualidades da cultura. Resgatando a sabedoria estética, Freud antecipa de quarenta anos a antropologia ao mostrar na interdição do incesto não somente a regra que determina a sexualidade, mas o corte simbólico universal que distingue o humano como tal.

5. A PRESENÇA ILUMINISTA E ROMÂNTICA EM FREUD

Quem não conhece as famosas formulações de Kafka que instalam a angústia e o sufoco num discurso inocente do tipo: "Esta porta é tua, ela é só para ti, mas ela ficará doravante fechada"? Indagações que circunscrevem um novo universo fechado onde a promessa de uma ordem (divina ou outra) é substituída pela garantia de que o corolário desta ordem – o absurdo, o absolutamente irracional e contingente – também tem direitos de cidadania do mundo do homem moderno.

Em Freud – *O Porvir de uma Ilusão* –, a mesma idéia está exposta (embora de maneira menos angustiante) na justaposição de duas hipóteses ou verdades contraditórias. No capítulo 9, Freud avança a opinião de que haveria uma certa plausibilidade na suposição de que o homem seria inacessível aos argumentos da razão e totalmente dominado por seus desejos pulsionais. Na mesma página encontra-se, no entanto, a posição inversa:

> Não temos nenhum meio de dominar nossa pulsionalidade, a não ser nossa inteligência, nossa razão.

Essa contradição patente não é – evidentemente – uma falha de exposição, e certamente não escapou à atenção de Freud. Ela é a reiteração do mesmo paradoxo em torno do qual toda a obra de Freud se articula – paradoxo a partir do qual ele vai propor não somente uma nova concepção das possibilidades do conhecimento e da razão, mas, de forma mais global, uma nova visão da condição humana, da cultura, daquilo que é a realidade *para o homem*.

A nova perspectiva freudiana origina-se na subversão dos pontos "fixos" que costumam sustentar o pensamento graças a binômios como mente/corpo, matéria/espírito. Freud demonstra, nas minuciosas análises dos sonhos, das perversões, da sexualidade infantil e dos estados normais e patológicos, que estes dois pólos do pensamento ocidental (a determinação biológica e a intelectual) não se articulam de maneira hierárquica, um tendo o primado sobre o outro. Ao contrário, os dois são limites no sentido pleno do termo – limites que abrem e fecham um campo da linguagem – dentro do qual temos necessariamente que nos colocar ao falarmos sobre nós mesmos. Aceitando essa nova condição – suspensa num "entre-dois" e fora de lugares já determinados – não podemos mais nos conceber como seres racionais que dominam racionalmente seus próprios dados biológicos, mas como seres cuja racionalidade está desde o início co-determinada, informada por algo totalmente outro: o fato pulsional, o desejo.

Nesta perspectiva, a razão humana – a "inteligência" (*Intelligenz*) no discurso de Freud – não se apresenta mais como uma instância plenamente senhora de si, mas se origina em um limite, uma diferença em relação àquilo que ela *não é*, e está, desta forma, sempre já fora de si, articulada com sua alteridade.

Esta nova concepção – por original que pareça – não se inventa do nada. Ela é muito mais a desconstrução e a reconstrução de duas correntes ou dois estilos do pensamento ocidental, que se encontram, articulam e se distorcem de maneira significativa na descoberta freudiana. Encontramos, de um lado, o projeto iluminista, esclarecedor, na sua ambição de cientificidade, de objetivação dos dados da observação, de medição exata da realidade e do exercício da crítica; de outro lado, esse projeto está informado pelo pensamento da época romântica (fim do século XVIII, início do século XIX) – pensamento cuja vertente conceptualizante está representada entre outros pelo jovem F. Schlegel, Schiller e Hegel. Ele constitui um esforço teórico que se opõe a um misticismo opaco e visa incluir num discurso coerente todos os "restos" que a racionalidade do século XIX joga fora nas suas teorizações.

Esse aspecto avesso do Romantismo preocupa-se principalmente com aqueles fenômenos que escapam a uma razão senhora de si e do mundo. Poetas e filósofos, articulando seu pensamento em torno de uma reflexão sobre o enigma da criação artística, delineiam assim um novo campo de investigação: o campo da linguagem. Duas perguntas abrem a demarcação desse campo. A primeira: como é que um discurso completamente lacunar, obscuro e que fere todas as regras de uma racionalidade convencional, pode, no entanto, fazer sentido, ser portador de uma verdade? Este é o grande problema teórico que a redescoberta de *Hamlet* e da tragédia elisabetana em geral coloca para a crítica da época romântica. A segunda pergunta, que modifica nessa época a maneira de ver, de interpretar e de teorizar, tenta elucidar como é possível que um discurso faça sentido, traga em si significações sem que o sujeito tenha necessariamente compreendido ou intencionado este significar autônomo.

Estas preliminares remetem-nos, assim, à citação, colocada no Capítulo 2 da *Interpretação dos Sonhos*, onde Freud, ao introduzir sua maneira de interpretar, reproduz textualmente uma carta de Schiller, articulando as duas perguntas em torno do problema da esterilidade artística.

Freud diz pela boca de Schiller que aquilo que dizemos e pensamos não é produto da nossa intenção ou de uma vontade senhora de si, mas algo que se diz através de nós, e que podemos, no melhor dos casos, recuperar *ex post facto* esse discurso estranhamente autônomo e subtraído a nossa vontade. Surgindo segundo suas próprias regras na nossa imaginação, esse discurso revela-se plenamente coerente sem que, no entanto, os parâmetros de uma racionalidade convencional se apliquem a ele; pelo contrário, ele *nos* impõe a racionalidade do seu jogo formal, uma racionalidade outra.

Ao falar dessa autonomia das idéias, das representações ou, como diríamos, dos significantes, Schiller evidentemente não antecipa Freud, mas aponta e delimita um campo de investigação, sem abri-lo nem estruturá-lo. Ele espera, aliás, que outros façam esse trabalho para ele. Em primeiro lugar, espera uma resposta do filósofo Schelling, cuja *filosofia da arte*[1] elabora grande parte da teoria romântica do inconsciente. Mas Schiller logo se desencanta com as formulações místicas do idealista Schelling. Schiller procura uma teoria do *fazer estético*, da experiência do poetizar, e fica constrangido com a dignidade substancial que adquire o inconsciente na teoria dos românticos. Nova instância fundadora da criação, ele parece ter o mesmo estatuto que a "idéia" platônica que determina, na antiga teoria da arte, a inspiração do poeta. Trata-se de uma simples inversão que transfere o princípio fundador do céu das Idéias para o chão da Natureza, substituindo ao supremo espírito a matéria primordial.

Neste pensamento dualizante, Freud introduz uma mudança radical. Abandonando qualquer tentativa de encontrar uma articulação filosófica dos pólos opostos biológico e intelectual, Freud empenha-se desde o início em deixar de lado o problema de saber o que seria o biológico em si e o que seria o espiritual em si. Ele

---

1. F. W. SCHELLING, *Sämtliche Werke*, Stuttgart und Augsburg, 1856-60, t.3.

analisa, ao contrário, a experiência que as coisas e os eventos produzem em nós, ou seja, uma realidade sempre já mediada pelo nosso pensar, estruturada através das nossas categorias, da nossa perspectiva e dos nossos conceitos. Elabora-se assim um novo conceito de realidade que se situa num espaço ambíguo, pois ainda não determinado – realidade esta cujos movimentos desfazem a nitidez dos limites, deslocando-os permanentemente.

Ora, essa subversão do real-em-si, independente do fato humano que o pensa, se faz justamente pela mediação da dupla fonte iluminista-romântica. Freud reivindica para sua pesquisa o adjetivo de "científica" na medida em que pretende observar, analisar e teorizar fatos empíricos, isto é, as observações que a realidade nos impõe. Entretanto, os fatos sobre os quais ele se apóia são, desde o início, fatos, realidades de segundo grau: de um lado, realidades culturais, mediadas pela linguagem poética "densificada" (em alemão, a palavra para poesia é *Dichtung* – densificação), por outro lado, a realidade do sonho que Freud, ao contrário dos seus predecessores, não relega ao campo somático, nem ao campo do intelecto. Devido ao fato de se aproximar do sonho ao nível do *relato*, Freud lhe confere o mesmo estatuto do texto poético – o do fenômeno assumido, mediado pela linguagem. Sabemos pela correspondência que manteve entre 1897 e 1899 com Fliess[2] até que ponto seu método está influenciado pelas realidades culturais.

Simultaneamente, impõe-se um novo método científico: aceitar os fenômenos (por exemplo, as idéias dos outros em textos literários, as produções espontâneas como sonhos, lapsos etc.) na forma e estruturação pela qual eles surgem. É esta "via obliqua" que altera radicalmente o conceito de inconsciente. Ele não é mais uma realidade à qual se teria acesso direto, sendo, ao

---

2. S. FREUD, *La Naissance de la Psychanalyse*, Paris, PUF, 1956, pp. 190-3.

contrário, um lugar imaginário que sustenta o sentido dos fenômenos observados. Freud assume essa atitude retraída, essa autolimitação da razão normativa, ou seja, aceita que o entendimento (*Verstand*) seja informado por estruturas outras como, por exemplo, a racionalidade estética de *Hamlet* e a de *Édipo Rei*.

Com o método muda, evidentemente, o estatuto do fato empírico que Freud descobre quarenta anos antes da antropologia. Não é mais um fato positivo, um fato próprio da ciência assim entendida. A interdição do incesto, que Freud reconhece imediatamente como fenômeno irredutível e universal, dá-se também como uma realidade de segunda ordem. Ela é o corte simbólico que ordena algo que parece ser a realidade biológica, a reprodução. Mas a análise mostra que *não* são as necessidades *biológicas* que impõem esta ordem. A interdição do incesto – o "Édipo" na terminologia da psicanálise – é um fato de cultura que se auto-sustenta e cujo fundamento é auto-referencial.

6. UMA LEITURA ESTÉTICA DE FREUD

Ler Freud "esteticamente" significa aqui abordar a noção de inconsciente freudiano a partir do seu método, ou seja, a partir de um estilo que tem um forte parentesco com o pensamento do pré-romantismo alemão. Ambos se caracterizam por uma excepcional sensibilidade para com a arte, a reflexão estética e a criação poética. Nunca antes ou depois da virada do século XVIII para o século XIX – com a única exceção de Freud – tem-se reiterado um vínculo tão íntimo entre o conhecimento científico-filosófico e o fazer poético.

Já ao nível mais superficial, nota-se que as predileções estéticas de Freud encaixam-se perfeitamente nos padrões e modelos instituídos pelos românticos. As artes plásticas da Antiguidade, a tragédia clássica e elisabetana devem a eles seu lugar exemplar no imaginário convencional do século XIX. Porém, mais do que isso, Freud se deixa tomar como eles pela realidade artística, ele se reconhece literalmente nessa literatura, elaborando a auto-análise, a teoria dos sonhos e do inconsciente num diálogo permanente com *Édipo Rei* e *Hamlet*. Porém seu método de dialogar com a literatura foge às convenções românticas e apóia-se numa reflexão que se distancia igualmente dos românticos – nas conjeturas de Schiller em torno do enigma da criação. As posições de Schiller representam de certa forma um ponto de ruptura com as colocações estritamente românticas e rejeitam de maneira explícita e implícita toda a filosofia da arte elaborada em torno do conceito central do inconsciente romântico. Ao desvincular-se das "especulações idealistas" de Schelling, Schiller consegue levantar uma série de problemas fundamentais relacionados com o funcionamento da linguagem poética e da linguagem em geral, articulando, por exemplo, o problema da anterioridade e da autonomia da linguagem em relação ao sujeito intencional e racional. São essas colocações que chamam a atenção de Freud quando concede ao pensamento de Schiller um lugar de destaque ao citá-lo *in extenso* no Capítulo 2 da *Interpretação dos Sonhos*.

Ora, uma homenagem análoga à de Freud foi prestada a Schiller por parte de Hegel. Este observa que Schiller, prestando atenção ao aspecto lúdico da arte, ao jogo significante que se cria na tensão entre termos opostos, escapa da visão redutora que privilegiaria *um* aspecto, temático ou formal, ao qual seria atribuído o conteúdo substancial do fenômeno estético. Pensar a unidade *sem* privilegiar nenhum dos elementos que constituem a arte aparece para Hegel como o grande passo de Schiller além da estética de Kant. Como Schiller, Hegel coloca no centro de sua reflexão um novo modo de pensar a relação entre forma e conteúdo. O conteúdo deixa de ser algo substancial que preexiste à obra de arte ou que se encarnaria em tal tema, imagem ou símbolo; o conteúdo não encontra mais forma fixa e firme, mas surge nos processos que animam todos os elementos, na passagem de um ao outro, na encenação.

Ora, toda a novidade da *Interpretação dos Sonhos* está nesta "pequena" mudança de método: abandonar a interpretação mediante um catálogo de "chaves" fixas, levando em conta a particularidade da *montagem* específica com elementos em si mesmos contingentes.

É a partir dessa capacidade de elaboração conceitual, que se sustenta num entre-dois e a partir de um novo estilo de pensamento que não define mas se determina no seu desenvolvimento, que eu gostaria de aproximar três campos das ciências humanas: literatura, filosofia e psicanálise.

De maneira significativa, todos eles reivindicam, a partir do século XIX, o estatuto de ciência – reivindicação que se sustenta pela tentativa de abandonar posições dogmáticas e místicas, criando condições de pesquisa independentes da simples aceitação de uma instância ou autoridade que escape a essa investigação.

Analisemos então o paralelo metodológico que existe entre a constituição:

– da ciência da literatura (*Literaturwissenschaft*) no seu esforço de separar-se da hermenêutica tradicional e da doutrina dos três gêneros;

– da *Estética* de Hegel, cuja estruturação interna segue o modelo da *Ciência da Lógica* e cujo respeito das realidades observáveis da arte se opõe implicitamente às formulações opacas da *Filosofia da Arte* de Schelling;

– e da metapsicologia freudiana que desenvolve o seu modelo explicativo (o "aparelho psíquico") a partir da análise dos processos que animam os fatos da observação empírica.

Mostrar-se-á neste percurso que a cientificidade (*Wissenschaftlichkeit*) desses três enfoques teóricos está muito longe das ciências exatas. Ela se cristaliza, ao contrário, em torno de uma reconsideração das possibilidades do saber humano enquanto conhecimento que se defronta com seus paradoxos. A reivindicação de objetividade está associada à desmistificação das instâncias externas que poderiam servir de parâmetro ou garantia para essa reflexão do homem sobre seus próprios fenômenos.

Freud se interessa pelo pensamento de Schiller na medida em que este privilegia num primeiro tempo o fato empírico e as evidências que impõe a experiência estética (tanto ativa quanto passiva). As descrições minuciosas dos processos que animam a obra de arte (sobretudo na correspondência entre Schiller e Goethe)[1] situam-se no limite do discurso teórico e especulativo. Mas Schiller não dá esse passo em direção à sistematização das suas conjecturas, esperando, como já vimos, a resposta aos problemas que ele mesmo levanta da filosofia da arte de Schelling elaborada em torno do conceito de inconsciente.

A ruptura com esta filosofia da arte, que é ao mesmo tempo uma ruptura com a teoria do inconsciente romântico, ocorre quando Schiller se dá conta de que seu próprio pensamento se encontra em Schelling invertido e coisificado. De fato, Schelling postula a determinação do Belo na identidade e na indiferença entre liberdade e necessidade, entre real e ideal, sensível e racional. Filosofia da arte e filosofia da natureza formam, para Schelling, um díptico, e o último capítulo do *Sistema do Idealismo Transcendental*[2] choca Schiller pela formulações rígidas e inconciliáveis com a experiência do fazer poético. Schelling estabelece nesse capítulo um paralelismo invertido entre a natureza e a arte, entre a atividade da natureza e a do gênio. A produtividade da natureza consistiria na progressão a partir da inconsciência do produto, enquanto a criação artística tomaria o caminho inverso, começando com a consciência e terminando no inconsciente.

Essas formulações opacas coincidem pouco com o interesse muito mais técnico de Schiller, que procura investigar o enigma da independência da linguagem, ou seja, a abertura do trabalho significante de um discurso e do pensar em geral que vão além daquilo que um sujeito pode querer dizer ou preconceber. Schiller se deixa deliberadamente surpreender – e é nisso que Freud se interessa por ele – por um discurso que significa sem

---

1. *Briefwechsel zwischen Schiller und Goethe*, H.G. Gräf und A. Leitzmann (ed.), Leipzig, 1912, 3 vols., vol. I, n. 367.
2. *Schelling's Werke*, M. Schröder (ed.), München, 1965.

que o próprio sujeito o tenha compreendido. Não é por acaso que Freud abre a demonstração do seu método com uma reflexão de Schiller sobre o enigma da criação e as causas da esterilidade artística.

Schiller adverte-nos nesse texto que a criação artística não consiste na representação de realidades ou idéias já existentes e significantes, mas no deixar-surgir e no captar virtualidades e possibilidades inéditas que carecem de qualquer atualização e concretude imediatas.

Seguindo e explorando de maneira genial as indicações de Schiller, de Sófocles e de Shakespeare, Freud revoluciona as tentativas milenares de interpretação dos sonhos. Para ele, não se trata mais de revelar o sentido do sonho, mas de interessar-se pela "maneira de falar" das construções onfricas. Freud reconhece nelas as infinitas encenações de uma virtualidade particular, da virtualidade constitutiva do ser humano, ou seja, da possibilidade proibida do incesto.

Ora, é em torno dessa impossibilidade real, desse limite que impede, num determinado lugar, o funcionamento do mecanismo biológico, que Freud elabora uma teoria do aparelho psíquico que está inextricavelmente ligada à teoria da sexualidade humana. A sexualidade *pulsional* do homem não está determinada por um simples mecanismo energético (o instinto), mas pelo fato de que o impulso energético se defronta com uma impossibilidade. A pulsão, que Freud substitui ao instinto, deixa de ser pura energia biológica (aquele *substratum* natural que o discurso filosófico até então chamava de "paixões") e aparece sempre já torcida e informada por uma regra alheia à lógica das forças.

Freud instala, pois, o homem num campo ambíguo, num campo entre dois extremos abstratos (o puramente natural e o puramente cultural). Esse campo surge na encruzilhada onde a impossibilidade que regula a sexualidade além do biológico coincide com a lei da qual se origina a cultura. Ela difere da sexualidade concebida tradicionalmente como *substratum* natural pelo fato de que não representa mais a mera auto-regulação de forças ou *quantidades*. Em outras palavras, a fronteira (interdição do incesto) que não se desloca no jogo energético medeia a possibilidade de distinguir, de refletir e de julgar, colocando, dessa forma, o sexual no limite entre o natural e o racional.

A nova "natureza" humana que Freud elabora a partir dessa teoria da sexualidade aproxima-se de maneira surpreendente das formulações de Schiller nas *Cartas sobre a Educação Estética do Homem*[3]. A realidade estética, que é para Schiller um espaço situado nos interstícios do natural − "paixão" ou "instinto" − e do intelectual, oferece à "pulsão lúdica" (*Spieltrieb*) a possibilidade de se deixar trabalhar pela imaginação e pelas representações espontâneas. Desse fluxo imaginativo o entendimento e a razão podem esperar recuperar certas figurações, com a condição de aceitar as regras do jogo no qual evolui essa imaginação. Esse trabalho de conciliação entre a linguagem da imaginação e a da cultura constituiria a promessa de um aperfeiçoamento do gênero humano − emancipação civilizatória real que Schiller opõe à ilusão de uma volta à natureza bruta:

> Todas as durezas da cultura devem ser aceitas como condições naturais do único Bem, (pois) a cultura nos leva de volta à natureza pela via da razão e da liberdade (*Cartas*, XX, 414)[4].

Da mesma forma, Freud se surpreende com o fato de que alguém possa acreditar na ilusão rousseauniana de uma volta feliz ao estado de natureza,

> ...pois é evidente que tudo com que podemos nos proteger contra as ameaças provenientes das fontes do sofrimento pertence à própria cultura[5].

O paralelo que se estabelece por esta via entre a educação estética e a psicanálise encontra um dos seus principais pontos de apoio na idéia do trabalho das re-

---

3. *Schiller's Werke*, Nationalausgabe, L. Blumenthal und B. v. Wiese (ed.), Weimar, 1943 e ss.

4. S. FREUD, *loc. cit.*, vol. le. p. 336 (*Zukunft einer Ilusion*).

5. G.W.F. HEGEL, *Werke in zwanzig Bänden*, Suhrkamp, 1970, Bd. 3, pp. 567-568.

presentações espontâneas, da fantasia. Trabalhar com as representações inconscientes, com os "filhotes" (*Abkömmlinge*) da pulsão, não significa remontar a um estado de natureza puro e não-contaminado (do qual trata a teoria do inconsciente romântico). O conteúdo mais primitivo que podemos esperar reencontrar no trabalho analítico é, paradoxalmente, o conteúdo da própria lei cultural, da interdição do incesto. A cena originária enquanto fantasia mítica da humanidade não representa nada mais do que a exclusão do sujeito do coito dos pais – exclusão que se representa sob a forma da presença proibida e angustiante.

A unidade irredutível do sensível e do racional assegurada pelo movimento unificante das montagens e encenações artísticas é a idéia-mestra que Hegel destaca no pensamento de Schiller. No mesmo capítulo, ele presta uma homenagem duvidosa a Schelling, falando da "maneira torta" (*schiefe Weise*) da filosofia da arte que leva a substancializar e solidificar a unidade concebida por Schiller como inerente ao *processo* do fazer artístico e aos deslocamentos que o fato estético impõe ao espectador. O grande erro da filosofia da identidade é, segundo Hegel, o de

tomar as formas abstratas como, por exemplo, o mesmo e o não-mesmo, a identidade e a não-identidade, por algo verdadeiro, firme e efetivo. (...) nem um nem outro têm a verdade, mas apenas o seu movimento[6] – aquele movimento pensante que nos permite passar de um ao outro.

Ora, esse movimento significante que se produz na passagem, no transitar através de uma série de elementos (da matéria-prima das representações, idéias, imagens etc.) a outros constitui a descoberta fundamental da interpretação dos sonhos de Freud. O método exposto na análise da injeção feita a Irma expõe o surgimento do sentido a partir do deslizamento dos significantes que não remetem a um significado, mas *se* remetem ums aos outros nas suas significações plurais. Nessas

6. HEGEL, *loc. cit.*, vols. 2/3, pp. 614-616.

multiplicidades de significações cria-se uma trama complexa de relações significantes (eixos associativos) que permitem *construir* uma interpretação (ou uma série de interpretações) que não estão inscritas na significação banal dos significantes.

Freud, ao transformar a concepção da representação que deixa de ser uma correspondência termo a termo, desloca seu interesse das substâncias firmes e fixas para a mobilidade dos processos que perpassam esses pontos de apoio aparentemente estáveis. Dessa forma, chega a montar um aparelho psíquico com seus sistemas e instâncias distintas, advertindo, no entanto[7], que o inconsciente e o consciente, denominados por conveniência "sistemas" e "localidades", não são, de fato, nem sistemas, nem lugares, mas "processos": "dois desdobramentos distintos da excitação". A palavra "sistema" é mantida apenas enquanto ponto de apoio ou de transição, permitindo expressar e descrever a especificidade do movimento, da trajetória. Mas ele não passa de uma ficção, de um artifício do pensar.

As formações psíquicas não são localidades no sistema nervoso, nos elementos orgânicos, mas se situam de certa forma *entre* eles, ou seja, lá onde resistências e rastreamentos (*Widerstände und Bahnunger*) formam o seu respectivo correlato. Tudo aquilo que pode ser objeto das nossas percepções internas é virtual como a imagem num telescópio. É no lugar dessas lentes do nosso telescópio que temos o direito de supor os sistemas (a título de "representação auxiliar") que não constituem, no entanto, nenhuma realidade psíquica e que são inacessíveis a nossa percepção psíquica[8].

Esse tipo de descrição, que, numa perspectiva estritamente empírica, deixaria tudo a desejar e que o próprio Freud chama, em vários lugares, de "especulação científica" ou de "ficção", parece, às vezes, copiado do estilo específico de Hegel. Podemos compará-lo com um trecho sobre a relação entre idealidade e existência no § 298 da *Enzyklopädie der philosophischen Wissenschaften*, onde Hegel desenvolve; através da análise do mo-

---

7. FREUD, *Ibidem*.
8. *Ibidem*.

vimento, a existência efetiva da idealidade na materialidade:

> Quando falamos aqui ou em outros lugares de partes materiais, não entendemos com isso nem átomos nem moléculas, ou seja, partes que consistem separadamente em si mesmas, mas só partes quantitativamente ou contingentemente distinguidas, de tal forma que a sua continuidade não é essencialmente separável do seu ser distinguidas; a elasticidade é a existência da dialética destes próprios momentos[9].

Considerar um objeto cientificamente é percorrê-lo num movimento pensante. Esse movimento é o "irradiante" (*Fortschreiten*) através da totalidade das determinações do objeto considerado, sem eliminar e desconsiderar as determinações negativas que se encontram no percurso do exame – eliminações estas que congelariam o objeto numa abstração vazia.

Assim, considerando o conceito de matéria, Hegel nos obriga a incluir em seu conceito os lugares onde ela não está – os poros, por exemplo. Em outras palavras, a negatividade do conceito (matéria) não é mais algo exterior e alheio, mas deve ser incluído no próprio conceito. Essa maneira de ver impede que se coloque a matéria como absolutamente autônoma e desvenda a ilusão positivista:

> Este erro (positivista) se introduz pelo engano extremamente comum do entendimento segundo o qual o metafísico seria apenas uma coisa do pensar *do lado*, isto é, fora da efetividade (realidade)[10].

A mesma justificação Freud poderia avançar quando reivindica objetividade e cientificidade para suas construções metapsicológicas, as quais, por serem empíricas, não se confundem com um empirismo positivista.

Nas *Lições sobre a Estética*, Hegel procura escapar às armadilhas místicas e à "maneira torta" de Schelling pelo enquadramento da filosofia da arte na estrutura da *Ciência da Lógica* e da *Enciclopédia das Ciências Filosóficas*.

9. G.W.F. HEGEL, *loc. cit.*, Bd. 9, p. 169 (*Encyclopädie*).
10. G.W.F. HEGEL, *loc. cit.*, Bd. 13, p. 89 (*Ästhetik*).

Como Freud na *Interpretação dos Sonhos*, Hegel subverte o conceito de representação, desdobrando-o para fora das categorias psicológicas tradicionais da *Wirkungsaesthetik* (estética do efeito). A arte não é mais concebida como a reprodução do prazeroso ou do edificante, nem como a produção no registro do sensível de conteúdos intelectuais (idéias) já pensados. O que está em jogo na criação artística não está nem no material, nem no intelectual, mas no ritmo inscrito nas figurações artísticas, cuja materialidade se revela animada por um movimento pensante.

Este pensar estético não se reconhece ainda como tal, mas já representa a descontinuidade, a negatividade do meramente material, ou seja, uma forma de "interdição". Freud segue os rastros desse corte simbólico encenado nas representações culturais (a tragédia clássica e elisabetana) e remonta até a cena originária que, por sua vez, é uma *representação primordial*, uma *encenação* e não um ato fundador real. Encenar-se como jogo de representações "apoiado" (*angelehnt*) em algo biológico que já não é puro biológico graças ao jogo de representações que nele se opera – eis aí o projeto da *ciência metapsicológica*. O que são os sintomas histéricos ou a perversão polimórfica senão subversões significantes – isto é, metáforas – das regras do biológico e da fisiologia?

A reivindicação de cientificidade da metapsicologia baseia-se na elucidação da coerência interna, da racionalidade própria dos sonhos e dos fenômenos patológicos. A mesma idéia parece sustentar a *Estética* hegeliana, uma vez que Hegel nos apresenta a arte como racionalidade que desde sempre corre em direção do seu limite, da ciência. Tendo percorrido seus três momentos lógicos que se solidificam temporariamente nas três grandes épocas, mas que, ao se afirmarem, já se dissolvem de novo, a arte chega, na modernidade, ao seu "fim" e *transita* (*geht über*) rumo à ciência. Mas ela não se *anula* para dar lugar a uma ciência além dela mesma – ela se torna ciência "no seu elemento".

Este "fim de arte" anunciado por Hegel, evidentemente, não é o desaparecimento da arte, mas seu voltar-se sobre si mesma, sua reflexão na qual ela reconhece sua própria racionalidade. Reconhecendo-se como movimento que anima um material bruto qualquer, a arte moderna instala-se na fenda entre o material e o intelectual e adquire como novo "material", como novo elemento bruto do fazer estético, o saber teórico. Em outras palavras, ela reconhece que não pode ser objeto externo de uma investigação objetiva e sabe doravante que o trabalho no material sensível não é fundamentalmente alheio ao trabalho intelectual. O específico da modernidade seria, para Hegel, o deslocamento da reflexão teórica para dentro da criação artística – formulação esta que é nada menos do que uma caracterização concisa de movimentos como a arte abstrata, *concept-art, nouveau roman* etc.

Ora, uma revolução análoga Freud opera no campo da psicanálise, na medida em que não concebe mais o fenômeno observado como um objeto externo a sua ciência. Reconhecendo nele uma racionalidade própria, ele chega a desenvolver sua ciência (que é tanto a ciência de Freud quanto a ciência própria do fenômeno) a partir da interioridade do "discurso" da manifestação patológica.

O pensamento de Freud como o de Hegel abordam o fato biológico de maneira igualmente particular: em vez de extraí-lo e separá-lo daquilo que ele não é, eles o mostram desde sempre *intricado* com esta sua negatividade. Dessa forma, a matéria em si e o instinto como pura força biológica deixam de constituir um objeto para as duas "ciências". Essas quantidades puras seriam o domínio das ciências exatas, da neurobiologia, por exemplo, que constitui para Freud algo como a Terra Prometida, uma esperança longínqua. Ora, como Hegel, Freud é cidadão do mundo presente, efetivo: ele não espera a redenção dessa Terra Prometida, mas se engaja e se compromete com os caminhos sinuosos das mediações psicanalíticas. Esse estilo de pensar os objetos no movimento que os faz surgir subtrai esses objetos dos nítidos limites que poderiam defini-los. Através da investigação, o objeto investigado se amplia, desdobrando-se numa série de figurações, de posições percorridas por um movimento específico.

Hegel, intitulando seu sistema da arte "Estética" (e não "filosofia da arte", como Schelling), situa a arte num novo campo. O fato artístico não se confunde com o sensível, nem com os efeitos que o sensível exerce sobre nós (Hegel se distancia da estética tradicional). Mas arte tampouco é representação de um princípio além do sensível (de uma Idéia que teria existência em si). Fazer arte é movimentar representações, criando objetos artísticos que não reproduzem outros objetos preexistentes, mas manipulam significações, pensando esses objetos na sua alteridade.

Da mesma forma, Freud elabora sua teoria do inconsciente através de uma ampliação da noção da sexualidade. As duas noções se revelam, no transcurso da análise, cada vez mais carentes de determinações fixas, ou seja, livres de qualquer finalidade predeterminada. A arte não serve para nada, não é agrado nem divertimento, mas pensar. A sexualidade, por sua vez, não visa o ato reprodutor, mas este se revela como *um* dos alvos da sexualidade, e todos eles aparecem como pontos de transição da "pulsão de saber" (*Wisstrieb*), do pensar.

"Arte", "Espírito", "Sexualidade", "Pulsão" (e outros mais) aparecem assim como suspensos na distância entre dois limites abstratos, vazios, inoperantes:
– o simplesmente natural, material;
– o puramente racional, simbólico.

O conceito de pulsão em Freud suspende, de certa forma, essa oposição abstrata com a figuração de um vir-a-ser entre dois limites. A pulsão não é mais pura energia, mas *movimento de algo para algo* que, nesse percurso através de posições, se enche de sentido. O que determina a sexualidade humana não é a pulsão em si, mas a sua trajetória: as "vicissitudes" (*Triebschicksale*) de um movimento que vai de uma fonte indeterminada, através de um objeto indeterminado, a um alvo indeterminado. Nesses destinos sem determinação fixa da pulsão, a sexualidade humana vai além do mecanismo biológico e aparece como *autodeterminação*.

É na maneira particular de desenvolver a autodeterminação enquanto constituição nos interstícios de determinismos fechados (materiais ou idealistas) que Freud se vincula com as ciências filosóficas e literárias do início do século XIX. Nele e nelas, está presente a tentativa de ultrapassar ou conciliar as posições contraditórias do racionalismo iluminista e do romantismo aberto aos restos de opacidade. Schiller, Hegel e Freud não se encontram ao nível dos conceitos ou de concepções precisas, mas sim no estilo de pensamento, na maneira de desenvolver a argumentação.

Embora Freud se queira independente de qualquer filiação filosófica, vale para ele mesmo aquilo que diz da filiação psicanalítica de Groddeck. Sabe-se que Groddeck pediu a Freud para ser absolvido publicamente de qualquer vínculo com a psicanálise – pedido a que Freud responde negativamente, explicando que não está no seu poder absolver qualquer pessoa que pertença a um movimento pensante que nos envolve e do qual nós participamos – querendo ou não – "por criptomnésia".

7. MODERNIDADE E PÓS-MODERNO: UMA OUTRA "MARCHA DAS UTOPIAS"

"Modernidade", "vanguarda" e "pós-moderno" tornaram-se noções ambivalentes e sobredeterminadas pela multiplicidade de discursos que delas se servem. Designando simultaneamente movimentos históricos, artísticos e políticos, épocas e organizações das mais diversas, eles apontam também para uma ruptura epistemológica que escalona seus principais momentos através dos últimos séculos.

Os deslocamentos semânticos em torno da modernidade e do pós-moderno ocorrem sobretudo no campo de tensão entre duas articulações que, embora não sejam opostas uma a outra, partem no entanto de premissas diversas. De um lado, o relatório de J. F. Lyotard, redigido sob encomenda do governo canadense, *La Condition Post-moderne*[1], constitui uma análise e descrição das

1. Minuit, 1979 e José Olympio, 1985.

conseqüências decorrentes da modificação do estatuto do saber nas sociedades modernas. Lyotard analisa as estratégias discursivas que se instalam a partir de um fenômeno que ele chama de incredulidade em relação aos "grandes relatos".

Do outro lado, o enfoque de J. Habermas ressalta sobretudo a função emancipatória das vanguardas e dos modernos, sua função social através dos impulsos renovadores e revolucionários — função que se inscreve na tradição dos utopistas do século XVIII e XIX.

Na vulgarização, a formulação de Habermas parece ter sido adotada preferencialmente como divisora de águas entre os modernos e a vanguarda, de um lado, e o pós-moderno, do outro. Essa preferência vem à tona, entre outras ocorrências, no número de abril de 1986 da revista *Leia*, cujos artigos remetem indiretamente a Habermas ao citarem amplamente o livro do autor espanhol Eduardo Subirats *Da Vanguarda ao Pós-Moderno*[2].

O autor propõe uma distinção aparentemente muito clara e simples entre modernidade e pós-moderno. Bem acolhida pela crítica brasileira, ela parece se adaptar perfeitamente à realidade nacional e latino-americana, o que se deve provavelmente ao fato de que as formulações de Subirats fazem ressoar as de Oswald de Andrade no seu ensaio "A Marcha das Utopias"[3]. Um dos autores do referido número de *Leia*, José Tadeu Arantes, ao referir-se a Subirats, parece reformular Oswald de Andrade quando escreve:

> Na maior parte dos casos, a arte moderna se colocava na perspectiva da transformação social, associando sua pretendida forma revolucionária, senão a um efetivo conteúdo revolucionário, ao menos a uma intenção revolucionária, de superação do sombrio quadro de alienação e opressão capitalistas. Já o pós-moderno é assumidamente cínico.

Ora, essa abordagem teórica cria, num segundo momento, mais problemas do que resolve. Ao analisar-

---

2. São Paulo, Nobel, 1984.
3. Cf. *Do Pau-Brasil à Antropologia e às Utopias*, Obras Completas, Rio de Janeiro, Civilização Brasileira, 1970.

mos os diferentes movimentos e correntes na perspectiva do seu engajamento na vida pública e da sua preocupação com um processo de emancipação, constataremos que a clivagem que deveria dividir modernidade e pós-moderno se faz no próprio campo dos modernos. Seríamos obrigados então a distinguir:
– os falsos modernos, que já são virtualmente pós-modernos, uma vez que se tornam voluntária ou involuntariamente agentes e instrumentos das máquinas estatais, da industrialização e da tecnocratização;
– dos verdadeiros modernos, ou seja, aqueles que pertencem à linhagem dos utopistas que se renova no século XIX (W. Morris, Le Roux) e se prolonga no século XX na Escola de Frankfurt (Horkheimer, Adorno).

Dessa forma, um número inquietante de modernos não poderia mais ser considerado como moderno: onde está a perspectiva revolucionária de Hofmannsthal, Musil, Eliot, Joyce, Pound, Proust e Mallarmé...?

Deixando o problema tipológico de lado, a abordagem que identifica *utopia* com *intenção revolucionária* tem a grande desvantagem de curto-circuitar a análise de um fenômeno fundamental da modernidade – fenômeno este que poderíamos chamar de divórcio entre saber e dever. A partir de um determinado momento histórico, a atividade intelectual e o conhecimento não aparecem mais inseparáveis do juízo ético, da ação moral ou da prescrição normativa. Esta clivagem começa com a teoria heliocêntrica de Galileu que questiona o dogma da emanação e o da ordem hierárquica do universo. Ela se recoloca nas três críticas de Kant que põem o sujeito como construindo o mundo a partir de si mesmo. Ela surge de novo na teoria da sexualidade de Freud, que acaba com a idéia de que a sociabilidade humana decorre de uma ordem natural/biológica. Freud nos obriga a ver o homem como estruturado em torno de um corte simbólico (interdição do incesto) que, por sua vez, carece de fundamento externo, objetivo.

Ora, essa impossibilidade de fundamentação última, esse abandono do homem que se vê remetido a si mesmo, parecem bem ser um dos problemas centrais da literatura moderna e tem como referencial teórico o abandono da idéia renascentista, medieval e clássica que atribui à literatura uma função didática ou humanitária. O desencanto com um engajamento demasiado otimista, subseqüente ao reconhecimento da precariedade das normas (isto é, da falta de fundamento de nossas normas), desdobra-se nos escritos teóricos de uma série de escritores modernos em polêmicas mais ou menos amargas.

Ezra Pound, por exemplo, não deixa passar uma ocasião de ridicularizar a idéia da crítica acadêmica de que a literatura teria de assumir um determinado papel na vida social:

Parece-me bastante possível sustentar que a função da literatura como força geratriz digna de prêmio consiste precisamente em incitar as tensões da mente, em nutri-la, e nutri-la, digo-o claramente, com nutrição de impulsos (A Arte da Poesia)[4].

É interessante aqui a escolha de um termo freudiano – "impulso" (*Trieb*) – que, ao contrário de "instinto", remete exatamente a uma força não-determinada, que é, por definição, indiferente a sistemas de valores. Em outras palavras, Pound nos significa, com toda a agressividade que lhe é própria, que a literatura não tem nenhuma obrigação de preencher funções já definidas ou carências imaginárias. Nutrir a vida com impulsos seria, na ótica freudiana, o exato oposto de satisfazer supostas necessidades. Para Freud e Pound, a vida, como a literatura, depende do jogo com esse vazio que se desloca sempre e nunca se elimina. Essa atitude se traduz no fim da vida de Pound num conselho aos jovens poetas: "Curiosity – advice to the young – curiosity!" ou seja, fiquemos sempre atentos, sem nos satisfazermos com nada.

Para Pound, a literatura é uma maneira de pensar e de viver e jamais uma função que promova determinados interesses (por importantes ou fúteis que possam ser). É nessa perspectiva que se entende a sua irritação

4. *Ensaios Escolhidos de Ezra Pound*, São Paulo, Cultrix, pp. 30-40.

com histórias e teorias da literatura cujos critérios moralistas passam à margem dos impulsos vitais que animam as grandes obras literárias. A única forma de "história da literatura" seria uma antologia organizada independentemente de considerações morais:

> Desnecessário dizer, essa apresentação (a antologia) independeria totalmente de se os trechos em questão tenderiam a fazer do estudante melhor republicano, monarquista, monista, dualista, rotariano ou membro de outra seita qualquer[5].

As preferências de Pound colocam-se decididamente ao lado do pensar e do viver e não das pretensões éticas. Por isso mesmo, ele renuncia a organizar a antologia planejada, argumentando da seguinte forma:

> Porque aquilo teria sido um livro didático; sua difusão dependeria dos educadores, e os educadores foram definidos como "homens destituídos de interesses intelectuais"[6].

Ora, essa atitude, que foi muitas vezes denunciada como um abstencionismo que prefigura a morte das grandes utopias, encontra-se numa série de autores modernos. Gostaria, nesse sentido, de recolocar o problema através de um autor austríaco, Robert Musil, pois me parece que a suspensão temporária da ação em favor de "interesses intelectuais" (para retomar a formulação de Pound), que constitui a problemática central do grande romance *O Homem sem Qualidades*[7], é muito mais a transição para um novo tipo de utopia do que a morte do espírito utópico. De fato, esse romance fragmentário é como a passagem do espírito otimista e progressista do século XIX para uma utopia resignada do século XX.

Em *O Homem sem Qualidades*, renunciar transitoriamente a qualquer engajamento — profissional, político, social e pessoal — a fim de reencontrar o nexo perdi-

---

5. *Idem.*
6. *Idem, Ibidem.*
7. ROBERT MUSIL, *Der Mann ohne Eigenschaften*, Gesammelte Werke, Rowohlt, 1978.

do entre a ação e a reflexão – é o projeto de certa forma "real" do primeiro livro. Nesta medida, poderíamos inscrever esse romance na tradição utópica do século XIX e também nas utopias tais como as entende Oswald de Andrade.

No entanto, esse projeto fracassa e se transforma num balanço negativo, numa declaração da impossibilidade de um progresso qualitativo. Musil elabora e demonstra minuciosamente a dimensão ilusória e propriamente imaginária do pensamento utópico e, também, da dimensão teleológica do idealismo alemão (das filosofias de Kant, Fichte e Hegel).

No fim dos anos 30, Musil anota nos seus diários a seguinte série de perguntas:

E o que é a fantasia intelectual de Hegel? Uma última e arrogante reivindicação de autonomia? Antes do trauma? (E do tornar-se vil/vulgar do liberalismo)[8].

Se o projeto de Hegel era a realização da liberdade na efetividade das instituições do Estado, Ulrich – o homem sem qualidades – assiste à agonia desse projeto, ou seja, à impossibilidade total da reunificação dos indivíduos singulares numa comunidade viva. O projeto hegeliano morre lentamente no decorrer do primeiro livro do romance e se encerra com a morte do pai de Ulrich. O segundo livro abre-se com o enterro desse pai – famoso jurista cuja vida foi dedicada ao serviço das grandes instituições do império austro-húngaro e à defesa de uma "teoria universalista do Estado", cujas articulações parecem emprestadas a Hegel.

Fracassam juntos, então, o projeto utópico e o projeto do idealismo alemão, e parece-me decisivo que esse fracasso se realize nas figuras do Estado, do pai e da lei – o que não deixa de chamar a atenção do psicanalista.

Para Ulrich, a constatação da impossibilidade de seu projeto utópico tradicional (reflexão que medeia uma modificação do agir) e a saída do universo fracassado se fazem pela via da alienação. No último capítulo

8. *Tagebücher*, I, Rowohlt, 1976, p. 776.

do livro 1, Ulrich, num estado de extrema solidão e perda de si, encontra sua amiga Clarisse delirando em torno do projeto de engendrar com ele um filho-redentor, capaz de realizar as aspirações unitárias de ambos. Ora, apesar da estranheza que lhe provoca o projeto louco de Clarisse, Ulrich se reconhece na linguagem esquizofrênica — nessa linguagem totalizante que pretende recuperar a realidade perdida na identificação das palavras com as coisas e na criação de palavras-coisas, de signos substanciais. Essa linguagem que parece desconhecer a diferença dos registros real e simbólico, o abismo insuperável entre a coisa real e os signos da linguagem, corresponde à ausência da lei do pai que, instituindo um limite, cria o espaço da perda, ou seja, aquele vazio onde o desejo possa se articular.

De maneira significativa, o fracasso do Estado (império austro-húngaro), a queda de Mefistófeles (fracasso da tentativa de sedução na qual Arnheim tenta enquadrar Ulrich na lógica da liberalismo selvagem)[9] e a morte do pai (do burocrata) culminam na "forclusão" do nome do pai: o delírio de Clarisse repercute no transe de Ulrich, numa experiência de despersonalização que encerra o primeiro livro.

Após essa passagem pela alienação, Ulrich pode reencontrar a "irmã esquecida". A reunião dos irmãos que foram separados até se desconhecerem pelas preocupações cívicas do pai deixa brilhar durante um curto momento a possibilidade de uma comunidade perfeita, fusional, de um estado paradisíaco onde se realiza a liberdade radical — liberdade esta que não passa pela lei do pai, pela interdição e pela diferença. Ora, o amor intenso entre os irmãos nada tem do escândalo da temática do incesto que encontramos, por exemplo, na novela *Welsungenblut*[10] de Thomas Mann. O amor entre Ulrich e Agathe situa-se aquém da interdição do incesto, repre-

---

9. No Capítulo 121, assistimos a uma reescritura do tema faustiano, onde a promessa do supremo saber é substituída pela promessa de um poder mesquinho, material, mecânico.

10. Cf. *Sämtliche Erzählungen*, Fischer, 1972.

senta a encenação de um estado amoroso indiferenciado, literalmente impensável, que escapa ao registro do limite e da transgressão. O amor dos irmãos é o desdobramento estético do sonho de uma condição humana em que a diferença e a transgressão nunca teriam existido.

Nesse sentido, o segundo livro do *Homem sem Qualidades* constitui uma *aesthetic investigation* das possibilidades ilimitadas da condição humana, onde o pensamento utópico não morre mas se radicaliza, sofrendo dessa forma uma genial ampliação. A nova utopia de Musil põe em cena aquilo que não pode ser pensado: um estado que não está muito longe do comunismo primordial de Marx, ou seja, da fusão imediata do homem com o espaço social. Surge uma outra condição humana, que, ao procurar partir de um princípio radicalmente diferente no que diz respeito à interdição do incesto, coloca o homem num espaço de indeterminação consigo mesmo que nos obriga a repensar a questão da alteridade.

8. MODERNIDADE, ARTE E REFLEXÃO: UMA NOVA DETERMINAÇÃO DO OBJETO ESTÉTICO NA MODERNIDADE

A modernidade – é ela uma ruptura com a tradição estética? Constitui um fato radicalmente novo? Ou seria ela, antes, um término – histórico e transitório – de um longo trabalho de mediação que possibilita o encontro entre a experiência estética e a reflexão teorizante sobre a arte?

Os pré-românticos – Schiller, Goethe, Novalis e o jovem F. Schlegel – são os primeiros a considerar a arte não como imitação nem como reprodução do sensível, mas como "meio de reflexão" (*Reflexionsmedium*, segundo a fórmula de Walter Benjamin). Hegel, por sua vez, a entende como uma das posições históricas do Espírito, isto é, como figuração do saber ou articulação virtualmente racional do pensamento. Nessa perspectiva, uma série de colocações encontradas na modernidade do século XX apresentam-se menos como ruptura do que como assimilação teórica e reelaboração prática dessa visão do fato estético entendido como movimento pensante.

Os ensaios de Kandinsky e os de Pirandello nos confrontam da maneira mais surpreendente com essa continuidade na "revolução". Nesses escritos, as oposições teóricas tradicionais vão ser "diluídas" numa perspectiva que realça as relações dinâmicas que *unem* os termos opostos. Eles mostram assim a separação como "aparência", como momento transitório da articulação que coloca os pólos opostos como diferentes, mas determinados um através do outro. Produtos que nascem da prática estética, esses ensaios nos falam de uma nova identidade da arte que se reconhece doravante como reflexão na matéria sensível.

Luigi Pirandello entrou na história da literatura e na linguagem de um público culto como autor de "travessuras", de armadilhas estéticas e de reviravoltas inesperadas. Em alemão, a expressão corriqueira de *Pirandellostreich* (travessura de Pirandello, o que significa uma virada particularmente original mas ao mesmo tempo inexplicável e incompreensível nos limites de um pensamento racional e lógico) redescobre um antigo conceito estético: o de "ardil poético" (*ruse poétique*). Cabe assinalar que essa noção tem um papel importante na literatura medieval, numa época em que os detalhes surpreendentes, mágicos e maravilhosos, tirados das mais exóticas mitologias, serviam de apoio para um novo gênero literário – o romance "moderno" do século XII.

Os ardis poéticos não são, no entanto, ilógicos. Eles apenas utilizam a linguagem fora dos seus trilhos convencionais, são talvez hiperlógicos. Sua função principal é impedir a compreensão imediata e mecânica de *um* sentido e obrigar assim o espectador ou o leitor a recuperar um processo significante que assegure a unidade e a coerência dos elementos.

O mesmo fenômeno é recolocado na chamada arte abstrata, que retira sub-repticiamente o apoio dos objetos habituais (paisagens, homens, animais), para representar deles apenas relações significantes que repousam dessa vez em elementos não – (imediatamente) – figurativos, ressaltando assim as operações propriamente lógicas que sustentam a arte. Se a arte abstrata põe em jogo elementos concretos, ela os escolhe, no entanto, no seu estado mais bruto, no estado de significantes puros e não de símbolos. Ela evidencia dessa forma o fato de que os materiais utilizados não têm um sentido já determinado e imediatamente evidente, mas constituem apenas virtualidades significantes que se concretizam, se solidificam e se efetivam graças a um duplo (ou múltiplo) movimento: um linear – do primeiro até o último elemento; outro circular –, perpassando todos os elementos e retornando ao primeiro, colocando-o dessa forma após todos os outros e sobredeterminando-o por uma infinidade de relações.

É nesse sentido que Kandinsky troca livremente as noções de "arte abstrata" e de "arte concreta": ela é concreta porque se serve de elementos brutos à espera de sentido, ela é abstrata porque anima e faz viver esses elementos através de relações significantes. O que conta para Kandinsky é evidenciar o movimento espiritual que percorre, anima e torna significantes os elementos concretos (ponto, linha, plano, cor), independentemente do valor figurativo que determinados objetos possam ter na sua existência extra-estética.

Pirandello e Kandinsky enquadram-se assim na linhagem dos artistas "cristalinos", herdeiros de Mallarmé, que dão fraternalmente as mãos a Schoenberg, Berg e Joyce. Todos eles renunciam a um certo quadro ilusionista onde se mantém a aparência da representação da realidade imediata. Isso lhes vale freqüentemente o veredito de frieza, abstração e intelectualismo, rompendo voluntariamente com a tradição estética. Nada mais injusto, porém, do que esse reproche. Pirandello como Kandinsky descobrem suas próprias inovações nas técnicas dos seus predecessores. Assim, seria talvez mais correto dizer que eles não rompem com a tradição, mas levam adiante e elaboram certas experiências estéticas do século XIX – do Impressionismo e do Realismo –, analisando rigorosamente as inovações técnicas dos seus predecessores e confrontando-se com as hipóteses teóricas que esses defendiam explícita ou implicitamente.

Para Kandinsky, o salto para uma linguagem pictórica abstrata (ou, como ele mesmo se expressa às vezes, "concreta" mas não-figurativa) apóia-se na análise das posições de Cézanne e de Monet. Em particular, Kandinsky cita Cézanne quando este renuncia saudosamente a suas pretensões miméticas.

> A natureza, admite Cézanne, bem que eu teria gostado de copiá-la; mas não consegui. Procurei tudo, tentei, virei-a por todos os lados: irredutível. Por todos os lados... mas fiquei contente comigo mesmo quando descobri que o sol, por exemplo, não podia ser reproduzido, mas que se devia representá-lo por outra coisa... pela cor... Não há outra via para tudo expressar, para tudo traduzir a não ser a cor. A cor é biológica, se é permitido dizê-lo assim. A cor é viva, ela é a única coisa que torna as coisas vivas[1].

Kandinsky não se identifica totalmente com essa visão, mas ela lhe fornece um patamar, um degrau que o leva adiante. O mesmo acontece com Pirandello em relação a Flaubert.

A conhecida obsessão de Flaubert com a precisão das palavras (o famoso *mot juste*) parece apoiar-se numa suposição análoga à de Cézanne relativa ao potencial representativo da cor. Como a cor de Cézanne, a palavra apurada, precisa e conveniente é concebida quase como uma força biológica apta a reduplicar a realidade. Desde 1908, Pirandello articula suas reflexões teóricas a partir de uma crítica dessa fértil ilusão da arte como tradutora das coisas – tradução esta que implicaria uma simples transposição de um registro para outro que lhe fosse correspondente.

Os impressionistas e os naturalistas tinham combatido a prevalência de um ponto de vista predeterminado. O Impressionismo substitui à perspectiva que inscreve todos os objetos nas linhas imaginárias do cubo geométrico (a perspectiva da Renascença) um novo tipo de perspectiva e de espacialidade que surge do jogo sutil

---

1. WASSILY KANDINSKY, *Ueber das Geistige in der Kunst (Do Espiritual na Arte)*, Berna, Benteli: Verlag, 1956, p. 9.

entre planos coloridos claros e escuros. De maneira análoga, Flaubert atenua o ponto de vista preponderante de um narrador pela fingida auto-apresentação das coisas e das pessoas que desfilam a sós nos "planos" descritivos e nos discursos indiretos-diretos. A pretendida verdade subjetiva de um narrador romântico recua diante da ilusão da verdade objetiva das próprias coisas, cristalizada nas palavras precisas (*mots justes*).

Num artigo intitulado "Ilustradores, Atores e Tradutores", Pirandello cita a famosa máxima flaubertiana: "Va faire quelques pas et rapporte-moi en cent lignes ce que tu auras vu" – e ele comenta:

> Mas Flaubert e Maupassant, embora grandes artistas, não conseguiram tornar-se fotógrafos – apesar de sua teoria –, e o primeiro nem era propriamente um naturalista[2].

Pirandello detecta em Flaubert o mesmo ardil teórico que Kandinsky aponta nas reflexões pouco sistemáticas dos impressionistas, a respeito dos quais observa discretamente que com eles se faz apenas o "início de um ponto de vista teórico" (Curso da Bauhaus). Ambos sentem a simples inversão da definição clássica do conceito de mimese. Esta supunha que a essência do estético/artístico repousava na reprodução da idéia das coisas que passa da mente do artista às suas mãos. A teoria implícita dos impressionistas e dos naturalistas dispensa essa suposta transposição "ideal" de um registro espiritual para um registro material, substituindo essa hipótese por outra, segundo a qual haveria dois registros de materialidades entre as quais existiria uma perfeita correspondência que caberia ao artista redescobrir.

Kandinsky e Pirandello apontam nessas duas teorias a relação abstrata e puramente exterior entre a coisa natural e a coisa artística, isto é, entre a realidade imediata ou conceitual/espiritual, de um lado, e a realidade estética, do outro. O que lhes importa é recolocar o esté-

---

2. "Ilustradores, Atores e Tradutores", de LUIGI PIRANDELLO in *Nueva Antologia*, 1968, p. 14.

tico não mais como algo distinto e separado do real e do conceitual, mas como um movimento mediador no qual os dois termos se encontram e se reconhecem como alteridades que não podem existir separadamente, mas que precisam do outro termo para se determinarem, para chegarem a ter sentido. O próprio da arte desloca-se daquilo que tradicionalmente é tido por estético (o sensível, o concreto) para a movimentação pensante dos elementos sensíveis. Fazer arte é criar um movimento, uma passagem de um termo a outro, passagem que concilia e mantém os dois pólos anteriormente opostos.

A modernidade não apenas afirma, mas demonstra implicitamente, praticamente, isto é, na própria produção estética, a verdade da idéia de que a arte não é somente representação-cópia, mas constitui ao mesmo tempo um movimento pensante (operações lógicas) sobre as coisas representadas, pensamento este que surge nas relações entre as próprias coisas representadas (figurativas ou não-figurativas). Conseqüentemente, a teoria da arte deixa de ser uma operação autônoma e externa à prática estética ou às coisas por ela representadas:

> A atividade teórica se reduz aos meus olhos a nada se o fato estético não for integrado pela atividade prática a ponto de ambos constituírem uma só coisa. A técnica e os meios da representação estética (palavras, sons musicais, cores etc.) não têm para mim uma relação extrínseca ao fato estético interno, mas constituem bem ao contrário o próprio fato estético[2a].

Pirandello considera todos os meios estéticos – materiais não-figurativos da mesma forma que temas, imagens e metáforas – como *aparências*, ou seja, como virtualidades, matrizes nas quais um movimento significante pode surgir, *aparecer*. A aparência perde assim sua conotação pejorativa e a marca da insuficiência que lhe era própria na concepção platônica. Ao mesmo tempo, os três termos: técnica (modo), meio e objeto da representação tornam-se inseparáveis, constituindo três momentos de um mesmo movimento.

[2a]. *Idem, Ibidem.*

A técnica, para mim, é, em suma, a propria atividade espiritual que se libera pouco a pouco em movimentos que a traduzem numa linguagem de aparência[3].

Um raciocínio análogo sustenta a obra ensaística de Kandinsky e, particularmente, o ensaio "Do Espiritual na Arte". Nele, os meios da pintura são concebidos não como instrumentos eternos, mas como pontos de transição de um movimento espiritual. Nesse movimento, eles figuram como apoios materiais absolutamente indispensáveis, apoios, porém, que não contam em e para si mesmos, mas que apontam para além de si, rumo a um movimento que faz surgir neles suas virtualidades. No seu livro *Rueckblicke* (*Olhares para trás*), Kandinsky conta a experiência que o levou a essa visão da arte e o desviou da arte figurativa:

> Na mesma época (isto é, em 1910), tive duas experiências que marcaram toda a minha vida e que me abalaram profundamente. Foram a exposição francesa em Moscou – em primeiro lugar o *Monte de Palha* de Manet – e uma representação de Wagner (a ópera *Lohengrin*) no Hoftheater. Antes eu conhecia apenas a arte realista, na verdade exclusivamente os russos; eu parava freqüentemente diante do retrato de Franz Liszt, de Repin, contemplando demoradamente a (representação da) mão e esse tipo de coisa. E, de repente, eu via pela primeira vez um quadro. O fato de aquilo ser um monte de palha, fiquei sabendo pelo catálogo. Esse não-reconhecer era embaraçoso. Eu achava também que o pintor não tinha direito de pintar de maneira tão pouco clara. Senti vagamente que nesse quadro faltava o objeto (da representação). E me dei conta com surpresa e confusão de que o quadro não apenas (me) tocava, mas se gravava inesquecivelmente na memória, sempre aparecendo de maneira mais inesperada e com os menores detalhes diante dos meus olhos. Nada disso era claro para mim, e não cheguei a tirar as conseqüências mais simples dessa experiência. Uma coisa, porém, estava completamente clara: a força insuspeitada da paleta, que ia além de todos os meus sonhos. A pintura ganhava uma força e um brilho maravilhosos. Inconscientemente, o objeto como elemento inevitável do quadro saiu desacreditado. Em geral eu ficava com a impressão de que uma pequena parte da minha Moscou dos sonhos já existia na tela.

Com estas últimas observações – a localização do objeto da pintura no campo das maravilhas, dos contos de fadas, dos sonhos e das fantasias – Kandinsky atribui ao objeto artístico um estatuto novo. Este se torna algo

---

3. *Idem*, p. 14.

distinto da realidade não porque representa outra coisa que não a realidade que conhecemos pela experiência, mas por recortá-la em níveis diferentes, condensando essas visões múltiplas numa só representação. O objeto estético torna-se assim um objeto hiperpleno (condensado: *gedichtet, verdichtet*), no qual se inscreve não a fixidez de uma realidade existente, mas a pulsão do desejo, figurações pulsionais e posições fantasmáticas. Ele é ao mesmo tempo uma aparição e uma aparência, ou seja, algo denso e cheio de sentido pelo seu aparecer, pelo seu surgir, mas também algo oco, vazio, inconsistente quando subtraído a esse movimento do aparecer.

A aparência deixa de ser falsa aparência na medida em que começa a desvendar seu próprio vir-a-ser. Assim, a arte se reconhece como criadora de figurações, isto é, de apoios reais e efetivos que servem de base à pulsação indeterminada na qual surge o desejo — num vocabulário freudiano, esse movimento se chamaria "pulsão e destino (ou vicissitude) da pulsão".

Nas reflexões de Pirandello sobre o estatuto intrínseco da técnica, reflete-se igualmente esse verdadeiro auto-reconhecimento da arte como produção racional, como processo significante, como linguagem que metamorfoseia seus próprios meios e permite à pulsão realizar-se como desejo determinado. Para ele, a técnica não é mais um *meio* para realizar a obra, mas a própria obra, porque nela se inscrevem as figuras do desejo:

> A técnica deve transformar-se no artista em algo equivalente a um instinto. Ele há de criar em si mesmo precisamente esse instinto seguro e móvel, esse tipo de fatalidade que estabelece, sob a pressão do desejo, a correspondência da imagem com o movimento que a exprime[4].

A autoconsciência da arte como movimento pensante, a segurança com a qual ela se afirma como pensamento estético que elabora suas sutilezas conceituais nos detalhes técnicos, vêm à tona no famoso "Prefácio"

---

4. *Idem*, p. 15.

da tragicomédia *Seis Personagens à Procura de um Autor*. Nesta peça, Pirandello chega à realização mais plena daquilo que, décadas antes, ele chamou de "fenômeno elementar da arte":

> O fenômeno mais elementar que se encontra na execução de toda obra é o seguinte: uma imagem (ou seja, uma espécie de ser imaterial e no entanto vivo que o artista concebeu pela atividade criadora do espírito), que tende a transformar-se no movimento que a torna efetiva e real, no exterior, fora do artista[5].

Esta definição extremamente sucinta e opaca esboça um movimento em três tempos: presença de uma linguagem (reflexo da realidade imediata), substituição dessa presença concreta por uma presença abstrata (o "ser imaterial", o sentido figurado, o símbolo) e passagem dessa oposição estática a um movimento no qual o abstrato se encontra no concreto sem anular este último.

O movimento ternário – além de corresponder com exatidão surpreendente aos três momentos lógicos da estética hegeliana (imediatidade, mediação, imediatidade mediada) – representa um esquema super-reduzido das grandes articulações que sustentam a tragicomédia *Seis Personagens à Procura de um Autor*:

Num primeiro momento, as seis personagens aparecem como reflexos da vida imediata, querem contar e representar sua história nessa imediatidade, fornecendo os "materiais" para essa transposição quase que mecânica. Aparecem, no entanto, num segundo momento, como *topoi*: imagens mediadas por uma longa tradição, carregadas de sentidos simbólicos. Nelas aparecem não somente a temática trágica (Édipo), mas o próprio Pai, personagem que, inicialmente, quer simplesmente ser representado na sua realidade imediata e acaba por entrar em conflito com o Diretor de teatro, ávido precisamente de fatos realmente acontecidos. O Pai se faz nesse momento defensor da estética iluminista, do "quadro" teatral, ou seja, da representação não dos fatos, mas das *reflexões* que poderiam dar sentido a eles:

5. *Idem*, p. 19.

"Os fatos são como uma bolsa vazia — não se sustentam!"[6]. Esse conflito entre atores e personagens culmina na oposição simples, não mediada, entre ficção e realidade: atores e personagens tentam afirmar suas posições, gritando uns com os outros: "Ficção!" — "Realidade!".

Mas a luta latente entre essas duas posições extremas que se negam mutuamente o direito de serem representadas é suspensa pela aparição de uma personagem de outra ordem. Para a alcoviteira Mme. Paz (*l'entremetteuse*), a vida em si não é nada mais do que encenação, máscara, gestos ambíguos e pantomina. Essa personagem medeia então, num terceiro momento, a verdade da peça. Mme. Paz aponta para um novo objeto da representação. Esse novo objeto — a aparência imaterial, representada no entanto materialmente no jogo das máscaras, desvenda a essência do jogo cênico e da arte em geral: ela se mostra como representação que representa representações.

Mme. Paz abre toda a perspectiva dos movimentos reflexivos da representação artística. Ela aparece na cena como um puro artefato e é conseqüentemente recebida com o grito indignado do Diretor de teatro: "Mas isto é truque!". A alcoviteira não se apresenta como as outras personagens, ou seja, como detentora de uma verdade substancial, mas apenas como uma profissional na encenação do cenário erótico. Literalmente, não tem nada a dizer, aparece no palco com uma pantomima, representando uma conversa que *não* se ouve, pronunciando depois apenas algumas frases cujo principal interesse é a mistura burlesca de sotaques e maneirismos. Única personagem que não reivindica seu drama existencial (e que não conta no cômputo das *seis* personagens), ela leva a sério e protela a suposta futilidade das aparências, abrindo assim a perspectiva vertiginosa da possibilidade real de existir plenamente em estilos e máscaras.

---

6. *Idem*, p. 69.

Nesse sentido, Mme. Paz contrabalança e relativiza o impacto trágico das personagens. Em particular, funciona como um contrapeso à posição estritamente "mimética" da mãe, personagem da mais extrema imediatidade que não sai de si mesma nem pelo desejo (desejo de si, da auto-representação afirmado pelos outros), mas que se limita a reviver a realidade eterna e imediata do sofrimento.

Entre o puro ser (a ilusão da repetição da existência autêntica) e a pura aparência (multiplicação infinita de encenações traiçoeiras), a tragicomédia pirandelliana desdobra uma multiplicidade de posições que medeiam uma reflexão sobre a efetividade da aparência enquanto apoio transitório do pensamento, isto é, posição na qual se concretiza o "espírito", o pensar e o movimento conceitual.

Colocando as seis personagens (e todas as outras) como personagens *rejeitadas* cujo drama autêntico e vital o autor *não* deseja representar na sua autenticidade, Pirandello faz delas simples *elementos*. Elas não nos contam apenas seu drama particular, mas representam para nós um "drama" estético: o problema de saber o que é uma representação artística. É nesse hiato entre dois tipos de representação que se instala a comicidade, a ironia e a distância reflexiva que nos permitem *pensar* a representação ao mesmo tempo que se apodera de nós, nos capta e fascina. Essa distância convida-nos a detectar os mecanismos secretos do fazer estético, a desarmar as armadilhas (e os ardis) poéticos. A rigor, somos convidados a ocupar o lugar do Pierre Ménard de Borges – a re-escrever a obra.

O "Prefácio" constitui, com efeito, um roteiro que marca as principais etapas conceituais que se "lêem" (ou podem ser lidas) numa reescritura literal, ou seja, numa recepção que não se entrega ao fascínio das figuras e imagens estáticas. Renunciar a uma contemplação passiva das imagens e temas estereotipados e ficar atento às figurações e aos movimentos significativos que estes descrevem, eis aí a primeira condição para aceder à novidade e à modernidade dessa peça.

Da mesma forma, Kandinsky aponta em direção ao movimento pensante que percorre o gesto estético na atividade artística – pintura, escultura, música e dança. Na dança moderna, por exemplo, nada dissimula sua "origem puramente sexual"[7]. Mas enquanto dança – isto é, prática socialmente instituída – ela é afastada da sua motivação puramente exterior, abrindo assim um espaço "abstrato" para o pensamento.

> O movimento simples que não parece motivado por nada externo contém um tesouro imenso de possibilidades... Elas arrancam o homem do dia-a-dia utilitário da vida cotidiana.

Desvinculadas da sua racionalidade utilitária, as coisas do mundo – até as mais insignificantes ou primitivas – têm a possibilidade de se mostrarem belas pela "Necessidade Interna", ou seja, a coesão de um movimento significante que libera um elemento qualquer (cor, gesto, objeto ou palavra) do seu significado fixo e da sua utilidade primeira. Kandinsky analisa a nova dança de Isadora Duncan, onde vem à tona os elementos primitivos, a gestualidade erótica explícita e os movimentos "feios" do ato sexual que contrastam com a "beleza" convencional das danças tradicionais onde o elemento sexual originário está dissimulado. Kandinsky reconhece imediatamente o que está em jogo nesse aparente "primitivismo". Trata-se de uma reviravolta pensante do fundamento concreto, sensível, sexual que concilia o gesto erótico imediato com o gesto sublimado da dança convencional que se tornou alheia, puramente exterior a sua origem erótica.

> Aqui também a beleza interior substituirá a beleza exterior. Uma força insuspeitada ainda, uma potência viva emanará dos movimentos "não-belos". Sua beleza explodirá de repente[8].

A beleza e o valor artístico se tornam assim concretizações históricas do desejo e das pulsações vitais –

---

7. WASSILY KANDINSKY, *Ueber das Geistige in der Kunst (Do Espiritual na Arte)*, Berna, Bentoli Verlag, 1956, p. 124.
8. *Idem*, p. 160.

momentos onde se condensam e rearticulam as posições anteriores.

> ...a Necessidade Interior exige hoje *uma* certa forma geral do subjetivo e amanhã uma *outra*... O espírito progride e, conseqüentemente, as leis da harmonia, hoje internas, tornar-se-ão amanhã leis externas (simplesmente convencionais)... É evidente que a força espiritual interna da arte se serve da forma de hoje apenas apenas como de um patamar para atingir formas ulteriores[9].

Kandinsky utiliza aqui não apenas a terminologia hegeliana – Espírito, necessidade, interioridade, exterioridade –, mas segue igualmente a principal articulação que organiza a *Estética*: a do movimento que medeia o espiritual no material. A "forma" – tanto ao nível mais elementar da matéria imediata, quanto no já elaborado dos temas e estereótipos esteticamente instituídos – é necessária e indispensável apenas como ponto de transição de um movimento espiritual, como momento de uma progressão (Kandinsky diz "progresso", Hegel fala do *Fortschreiten*, ir-adiante) e nunca na fixidez da reiteração convencional.

Para Kandinsky, como para Pirandello, nada se pode dizer sobre a arte sem o recurso às metáforas do movimento com as quais Hegel revolucionou a filosofia da arte. O estético é ao mesmo tempo sensível e espiritual na medida em que constitui o desdobramento de um trabalho na interface do material e do intelectual – trabalho mediador que concilia na realidade efetiva de novas formas a oposição abstrata, somente pensada, da matéria e espírito.

---

9. *Idem*, p. 160.

COLEÇÃO DEBATES

1. *A Personagem de Ficção*, Antonio Candido e outros.
2. *Informação, Linguagem, Comunicação*, Décio Pignatari.
3. *Balanço da Bossa e Outras Bossas*, Augusto de Campos.
4. *Obra Aberta*, Umberto Eco.
5. *Sexo e Temperamento*, Margaret Mead.
6. *Fim do Povo Judeu?*, Georges Friedmann.
7. *Texto/Contexto*, Anatol Rosenfeld.
8. *O Sentido e a Máscara*, Gerd A. Bornheim.
9. *Problemas da Física Moderna*, W. Heisenberg e outros.
10. *Distúrbios Emocionais e Anti-Semitismo*, N. W. Ackermann e M. Jahoda.
11. *Barroco Mineiro*, Lourival Gomes Machado.
12. *Kafka: Pró e Contra*, Günther Anders.
13. *Nova História e Novo Mundo*, Frédéric Mauro.
14. *As Estruturas Narrativas*, Tzvetan Todorov.
15. *Sociologia do Esporte*, Georges Magnane.
16. *A Arte no Horizonte do Provável*, Haroldo de Campos.
17. *O Dorso do Tigre*, Benedito Nunes.
18. *Quadro da Arquitetura no Brasil*, Nestor G. Reis Filho.

19. *Apocalípticos e Integrados,* Umberto Eco.
20. *Babel & Antibabel,* Paulo Rónai.
21. *Planejamento no Brasil,* Betty Mindlin Lafer.
22. *Lingüística. Poética. Cinema,* Roman Jakobson.
23. *LSD,* John Cashman.
24. *Crítica e Verdade,* Roland Barthes.
25. *Raça e Ciência I,* Juan Comas e outros.
26. *Shazam!,* Álvaro de Moya.
27. *Artes Plásticas na Semana de 22,* Aracy Amaral.
28. *História e Ideologia,* Francisco Iglésias.
29. *Peru: da Oligarquia Econômica à Militar,* A. Pedroso d'Horta.
30. *Pequena Estética,* Max Bense.
31. *O Socialismo Utópico,* Martin Buber.
32. *A Tragédia Grega,* Albin Lesky.
33. *Filosofia em Nova Chave,* Susanne K. Langer.
34. *Tradição, Ciência do Povo,* Luís da Câmara Cascudo.
35. *O Lúdico e as Projeções do Mundo Barroco,* Affonso Ávila.
36. *Sartre,* Gerd A. Bornheim.
37. *Planejamento Urbano,* Le Corbusier.
38. *A Religião e o Surgimento do Capitalismo,* R. H. Tawney.
39. *A Poética de Maiakóvski,* Boris Schnaiderman.
40. *O Visível e o Invisível,* Maurice Merleau-Ponty.
41. *A Multidão Solitária,* David Riesman.
42. *Maiakóvski e o Teatro de Vanguarda,* A. M. Ripellino.
43. *A Grande Esperança do Século XX,* J. Fourastié.
44. *Contracomunicação,* Décio Pignatari.
45. *Unissexo,* Charles F. Winick.
46. *A Arte de Agora, Agora,* Herbert Read.
47. *Bauhaus: Novarquitetura,* Walter Gropius.
48. *Signos em Rotação,* Octavio Paz.
49. *A Escritura e a Diferença,* Jacques Derrida.
50. *Linguagem e Mito,* Ernst Cassirer.
51. *As Formas do Falso,* Walnice Nogueira Galvão.
52. *Mito e Realidade,* Mircea Eliade.
53. *O Trabalho em Migalhas,* Georges Friedmann.
54. *A Significação no Cinema,* Christian Metz.
55. *A Música Hoje,* Pierre Boulez.
56. *Raça e Ciência II,* L. C. Dunn e outros.
57. *Figuras,* Gérard Genette.
58. *Rumos de uma Cultura Tecnológica,* Abraham Moles.
59. *A Linguagem do Espaço e do Tempo,* Hugh M. Lacey
60. *Formalismo e Futurismo,* Krystyna Pomorska.
61. *O Crisântemo e a Espada,* Ruth Benedict.
62. *Estética e História,* Bernard Berenson.
63. *Morada Paulista,* Luís Saia.
64. *Entre o Passado e o Futuro,* Hannah Arendt.
65. *Política Científica,* Heitor G. de Souza e outros.
66. *A Noite da Madrinha,* Sérgio Miceli.
67. *1822: Dimensões,* Carlos Guilherme Mota e outros.
68. *O Kitsch,* Abraham Moles.
69. *Estética e Filosofia,* Mikel Dufrenne.
70. *O Sistema dos Objetos,* Jean Baudrillard.
71. *A Arte na Era da Máquina,* Maxwell Fry.
72. *Teoria e Realidade,* Mario Bunge.
73. *A Nova Arte,* Gregory Battcock.
74. *O Cartaz,* Abraham Moles.

75. *A Prova de Gödel*, Ernest Nagel e James R. Newman.
76. *Psiquiatria e Antipsiquiatria*, David Cooper.
77. *A Caminho da Cidade*, Eunice Ribeiro Durhan.
78. *O Escorpião Encalacrado*, Davi Arrigucci Júnior.
79. *O Caminho Crítico*, Northrop Frye.
80. *Economia Colonial*, J. R. Amaral Lapa.
81. *Falência da Crítica*, Leyla Perrone Moisés.
82. *Lazer e Cultura Popular*, Joffre Dumazedier.
83. *Os Signos e a Crítica*, Cesare Segre.
84. *Introdução à Semanálise*, Julia Kristeva.
85. *Crises da República*, Hannah Arendt.
86. *Fórmula e Fábula*, Willi Bolle.
87. *Saída, Voz e Lealdade*, Albert Hirschman.
88. *Repensando a Antropologia*, E. R. Leach.
89. *Fenomenologia e Estruturalismo*, Andrea Bonomi.
90. *Limites do Crescimento*, Donella H. Meadows e outros.
91. *Manicômios, Prisões e Conventos*, Erving Goffman.
92. *Maneirismo: O Mundo como Labirinto*, Gustav R. Hocke.
93. *Semiótica e Literatura*, Décio Pignatari.
94. *Cozinhas, etc.*, Carlos A. C. Lemos.
95. *As Religiões dos Oprimidos*, Vittorio Lanternari.
96. *Os Três Estabelecimentos Humanos*, Le Corbusier.
97. *As Palavras sob as Palavras*, Jean Starobinski.
98. *Introdução à Literatura Fantástica*, Tzvetan Todorov.
99. *Significado nas Artes Visuais*, Erwin Panofsky.
100. *Vila Rica*, Sylvio de Vasconcellos.
101. *Tributação Indireta nas Economias em Desenvolvimento*, J. F. Due.
102. *Metáfora e Montagem*, Modesto Carone.
103. *Repertório*, Michel Butor.
104. *Valise de Cronópio*, Julio Cortázar.
105. *A Metáfora Crítica*, João Alexandre Barbosa.
106. *Mundo, Homem, Arte em Crise*, Mário Pedrosa.
107. *Ensaios Críticos e Filosóficos*, Ramón Xirau.
108. *Do Brasil à América*, Frédéric Mauro.
109. *O Jazz, do Rag ao Rock*, Joachim E. Berendt.
110. *Etc..., Etc... (Um Livro 100% Brasileiro)*, Blaise Cendrars.
111. *Território da Arquitetura*, Vittorio Gregotti.
112. *A Crise Mundial da Educação*, Philip H. Coombs.
113. *Teoria e Projeto na Primeira Era da Máquina*, Reyner Banham.
114. *O Substantivo e o Adjetivo*, Jorge Wilheim.
115. *A Estrutura das Revoluções Científicas*, Thomas S. Kuhn.
116. *A Bela Época do Cinema Brasileiro*, Vicente de Paula Araújo.
117. *Crise Regional e Planejamento*, Amélia Cohn.
118. *O Sistema Político Brasileiro*, Celso Lafer.
119. *Êxtase Religioso*, Ioan M. Lewis.
120. *Pureza e Perigo*, Mary Douglas.
121. *História, Corpo do Tempo*, José Honório Rodrigues.
122. *Escrito sobre um Corpo*, Severo Sarduy.
123. *Linguagem e Cinema*, Christian Metz.
124. *O Discurso Engenhoso*, Antonio José Saraiva.
125. *Psicanalisar*, Serge Leclaire.
126. *Magistrados e Feiticeiros na França do Século XVII*, R. Mandrou.
127. *O Teatro e sua Realidade*, Bernard Dort.
128. *A Cabala e seu Simbolismo*, Gershom G. Scholem.

129. *Sintaxe e Semântica na Gramática Transformacional*, A. Bonomi e G. Usberti.
130. *Conjunções e Disjunções*, Octavio Paz.
131. *Escritos sobre a História*, Fernand Braudel.
132. *Escritos*, Jacques Lacan.
133. *De Anita ao Museu*, Paulo Mendes de Almeida.
134. *A Operação do Texto*, Haroldo de Campos.
135. *Arquitetura, Industrialização e Desenvolvimento*, Paulo J. V. Bruna.
136. *Poesia-Experiência*, Mário Faustino.
137. *Os Novos Realistas*, Pierre Restany.
138. *Semiologia do Teatro*, Org. J. Guinsburg e J. Teixeira Coelho Netto.
139. *Arte-Educação no Brasil*, Ana Mae T. B. Barbosa.
140. *Borges: Uma Poética da Leitura*, Emir Rodríguez Monegal.
141. *O Fim de uma Tradição*, Robert W. Shirley.
142. *Sétima Arte: Um Culto Moderno*, Ismail Xavier.
143. *A Estética do Objetivo*, Aldo Tagliaferri.
144. *A Construção do Sentido na Arquitetura*, J. Teixeira Coelho Netto.
145. *A Gramática do Decameron*, Tzvetan Todorov.
146. *Escravidão, Reforma e Imperialismo*, Richard Graham.
147. *História do Surrealismo*, Maurice Nadeau.
148. *Poder e Legitimidade*, José Eduardo Faria.
149. *Práxis do Cinema*, Noel Burch.
150. *As Estruturas e o Tempo*, Cesare Segre.
151. *A Poética do Silêncio*, Modesto Carone.
152. *Planejamento e Bem-Estar Social*, Henrique Rattner.
153. *Teatro Moderno*, Anatol Rosenfeld.
154. *Desenvolvimento e Construção Nacional*, S. N. Eisenstadt.
155. *Uma Literatura nos Trópicos*, Silviano Santiago.
156. *Cobra de Vidro*, Sérgio Buarque de Holanda.
157. *Testando o Leviathan*, Antonia Fernanda Pacca de Almeida Wright.
158. *Do Diálogo e do Dialógico*, Martin Buber.
159. *Ensaios Lingüísticos*, Louis Hjelmslev.
160. *O Realismo Maravilhoso*, Irlemar Chiampi.
161. *Tentativas de Mitologia*, Sérgio Buarque de Holanda.
162. *Semiótica Russa*, Boris Schnaiderman.
163. *Salões, Circos e Cinemas de São Paulo*, Vicente de Paula Araújo.
164. *Sociologia Empírica do Lazer*, Joffre Dumazedier.
165. *Física e Filosofia*, Mario Bunge.
166. *O Teatro Ontem e Hoje*, Célia Berrettini.
167. *O Futurismo Italiano*, Org. Aurora Fornoni Bernardini.
168. *Semiótica, Informação e Comunicação*, J. Teixeira Coelho Netto.
169. *Lacan: Operadores da Leitura*, Américo Vallejo e Lígia C. Magalhães.
170. *Dos Murais de Portinari aos Espaços de Brasília*, Mário Pedrosa.
171. *O Lírico e o Trágico em Leopardi*, Helena Parente Cunha.
172. *A Criança e a FEBEM*, Marlene Guirado.
173. *Arquitetura Italiana em São Paulo*, Anita Salmoni e E. Debenedetti.
174. *Feitura das Artes*, José Neistein.
175. *Oficina: Do Teatro ao Te-Ato*, Armando Sérgio da Silva.
176. *Conversas com Igor Stravinski*, Robert Craft e Igor Stravinski.
177. *Arte como Medida*, Sheila Leirner.
178. *Nzinga — Resistência Africana à Investida do Colonialismo Português em Angola, 1582-1663*, Roy Glasgow.
179. *O Mito e o Herói no Moderno Teatro Brasileiro*, Anatol Rosenfeld.

180. *A Industrialização do Algodão na Cidade de São Paulo*, Maria Regina de M. Ciparrone Mello.
181. *Poesia com Coisas*, Marta Peixoto.
182. *Hierarquia e Riqueza na Sociedade Burguesa*, Adeline Daumard.
183. *Natureza e Sentido da Improvisação Teatral*, Sandra Chacra.
184. *O Pensamento Psicológico*, Anatol Rosenfeld.
185. *Mouros, Franceses e Judeus*, Luís da Câmara Cascudo.
186. *Tecnologia, Planejamento e Desenvolvimento Autônomo*, Francisco Sagasti.
187. *Mário Zanini e seu Tempo*, Alice Brill.
188. *O Brasil e a Crise Mundial*, Celso Lafer.
189. *Jogos Teatrais*, Ingrid Dormien Koudela.
190. *A Cidade e o Arquiteto*, Leonardo Benevolo.
191. *Visão Filosófica do Mundo*, Max Scheler.
192. *Stanislavski e o Teatro de Arte de Moscou*, J. Guinsburg.
193. *O Teatro Épico*, Anatol Rosenfeld.
194. *O Socialismo Religioso dos Essênios: A Comunidade de Qumran*, W. J. Tyloch.
195. *Poesia e Música*, Org. Carlos Daghlian.
196. *A Narrativa de Hugo de Carvalho Ramos*, Albertina Vicentini.
197. *Vida e História*, José Honório Rodrigues.
198. *As Ilusões da Modernidade*, João Alexandre Barbosa.
199. *Exercício Findo*, Décio de Almeida Prado.
200. *Marcel Duchamp: Engenheiro do Tempo Perdido*, Pierre Cabanne.
201. *Uma Consciência Feminista: Rosario Castellanos*, Beth Miller.
202. *Neolítico: Arte Moderna*, Ana Cláudia de Oliveira.
203. *Sobre Comunidade*, Martin Buber.
204. *O Heterotexto Pessoano*, José Augusto Seabra.
205. *O Que é uma Universidade?*, Luiz Jean Lauand.
206. *A Arte da Performance*, Jorge Glusberg.
207. *O Menino na Literatura Brasileira*, Vânia Maria Resende.
208. *Do Anti-Sionismo ao Anti-Semitismo*, Léon Poliakov.
209. *Da Arte e da Linguagem*, Alice Brill.
210. *A Linguagem da Sedução*, Org. Ciro Marcondes Filho.
211. *O Teatro Brasileiro Moderno: 1930-1980*, Décio de Almeida Prado.
212. *Qorpo-Santo: Surrealismo ou Absurdo?*, Eudinyr Fraga.
213. *Linguagem, Conhecimento, Ideologia*, Org. Marcelo Dascal.
214. *A Voragem do Olhar*, Regina Lúcia Pontieri.
215. *Notas para uma Definição de Cultura*, T. S. Eliot.
216. *Guimarães Rosa: As Paragens Mágicas*, Irene J. G. Simões.
217. *Música Hoje 2*, Pierre Boulez.
218. *Borges & Guimarães*, Vera Mascarenhas de Campos.
219. *Performance como Linguagem*, Renato Cohen.
220. *Walter Benjamin: A História de uma Amizade*, Gershom G. Scholem.
221. *A Linguagem Liberada*, Kathrin Holzermayr Rosenfield.
222. *Colômbia Espelho América*, Edvaldo Pereira Lima.
223. *Engenho e Arte*, Vera Lúcia de Britto Novis.

Este livro foi impresso na
LIS GRÁFICA E EDITORA LTDA.
Rua Visconde de Parnaíba, 2.753 - Belenzinho
CEP 03045 - São Paulo - SP - Fone: 292-5666
com filmes fornecidos pelo editor.